2021江西省技术市场统计分析报告

邓　文　周金付　刘　彬　编著

江西高校出版社
JIANGXI UNIVERSITIES AND COLLEGES PRESS

图书在版编目(CIP)数据

2021江西省技术市场统计分析报告/邓文,周金付,刘彬编著.--南昌:江西高校出版社,2023.2

ISBN 978-7-5762-3568-5

Ⅰ.①2… Ⅱ.①邓… ②周… ③刘… Ⅲ.①技术市场—统计分析—江西—2021 Ⅳ.①F723.84

中国版本图书馆CIP数据核字(2023)第006690号

出版发行	江西高校出版社
社　　址	江西省南昌市洪都北大道96号
总编室电话	(0791)88504319
销售电话	(0791)88522516
网　　址	www.juacp.com
印　　刷	北京虎彩文化传播有限公司
经　　销	全国新华书店
开　　本	889mm×1194mm　1/16
印　　张	3
字　　数	30千字
版　　次	2023年2月第1版
	2023年2月第1次印刷
书　　号	ISBN 978-7-5762-3568-5
定　　价	68.00元

赣版权登字-07-2023-16

编委会名单

编　著　者：邓　文　周金付　刘　彬

编写组成员（按姓名笔画排序）：

刘一威　李　群　张　郁　陈　静

周安琪　傅依达　熊　斌

前　言

《2021江西省技术市场统计分析报告》是根据科技部印发的《全国技术市场统计调查方案》，由江西省科学技术厅科技成果与技术市场处委托江西省科学技术信息研究所对2021年度江西省技术合同签订及执行情况、知识产权构成情况、技术领域分布情况、服务社会经济目标情况、科技计划项目成果转化情况、技术交易主体及技术输出吸纳情况等进行统计调查而完成的。

本书分别从合同类型、知识产权、技术领域、社会—经济目标、科技计划项目、技术交易主体、各地技术交易等方面对江西省技术合同数据进行了深入研究，以图表形式多维分析并展示了江西省技术市场的交易动态，总结了江西省技术交易的特点和发展趋势。

本书可作为科技管理人员、技术市场和成果转化等相关从业人员的工具书，并为政策制定、体系建设等提供重要的数据参考。

特别感谢江西省科学技术厅科技成果与技术市场处对本书编写工作的指导和帮助！

目录 CONTENTS

第一部分　技术交易总体情况

2021 年，江西省以加快技术转移和成果转化为主线，深入贯彻创新驱动发展战略，不断完善技术转移服务体系，通过优化技术市场政策环境、强化网上技术市场平台建设、举办科技成果转移转化系列活动、培育技术转移服务机构和技术经纪人队伍等举措，促进政产学研用紧密结合，推动科技成果供需对接和落地转化，技术市场活跃度不断提升。2022 年 2 月 23 日，科技部火炬高技术产业开发中心公布了 2021 年度全国技术合同交易数据（图 1－1），江西省技术合同成交额约达到 414 亿元，在全国的排名从 2018 年的第 22 位攀升至 2021 年的第 17 位，连续 4 年实现位次前移。

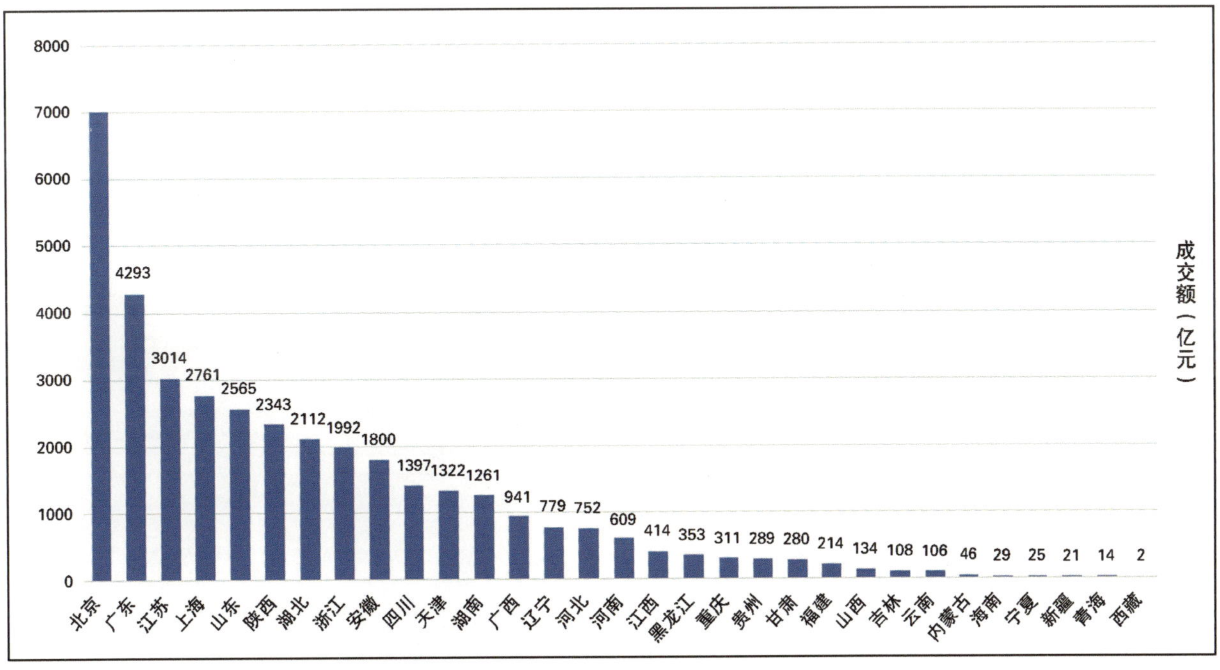

图 1－1　2021 年全国技术合同登记情况

一、基本情况

1. **全省技术合同成交量和成交额齐步增长**。2021 年，江西省技术市场共登记各类技术合同6625项(图1－2),成交额达413.99亿元(图1－3),分别同比增长62.10%和77.40%;每项技术合同成交额平均为624.89万元。

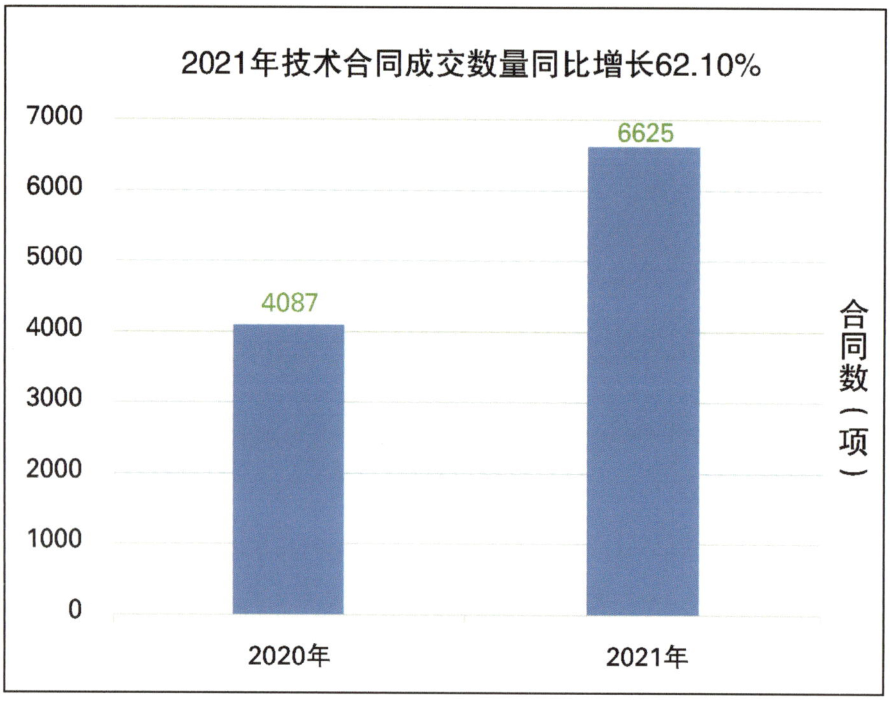

图1－2　2020—2021年江西省技术合同成交数量情况

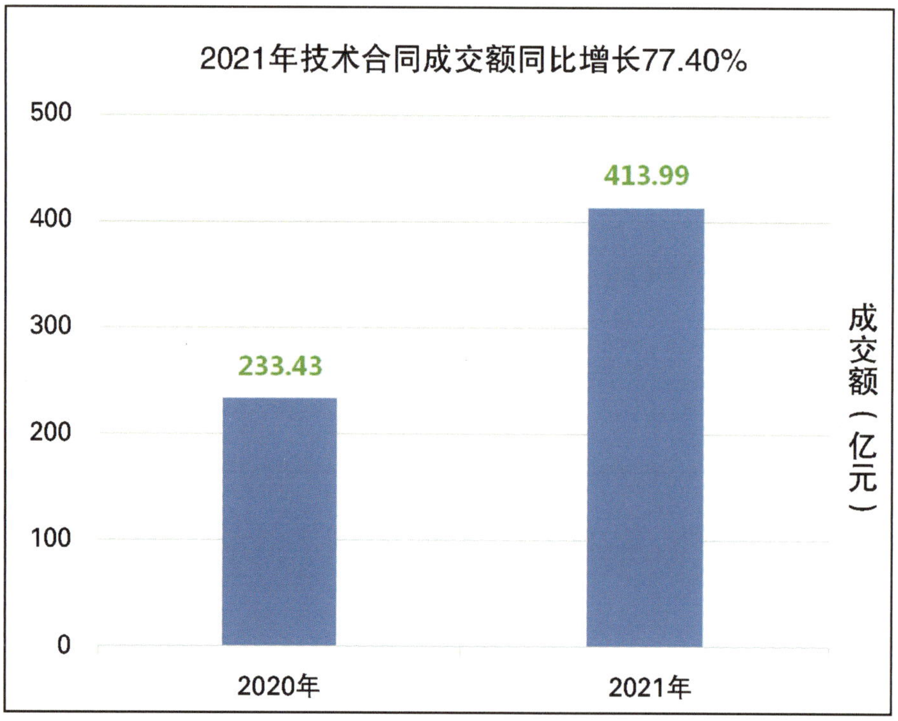

图1－3　2020—2021年江西省技术合同成交额情况

2. **技术服务和技术开发仍是技术交易的主要形式**。技术服务、技术开发合同成交额占全省技术合同总成交额的 75.53%。其中:技术服务合同成交额 161.35 亿元,同比增长 54.15%;技术开发合同成交额 151.33 亿元,同比增长 94.68%;技术转让合同成交额 75.20 亿元,同比增长 104.11%;技术咨询合同成交额 26.11 亿元,同比增长 84.09%。相关数据详见图 1-4、附表 1。

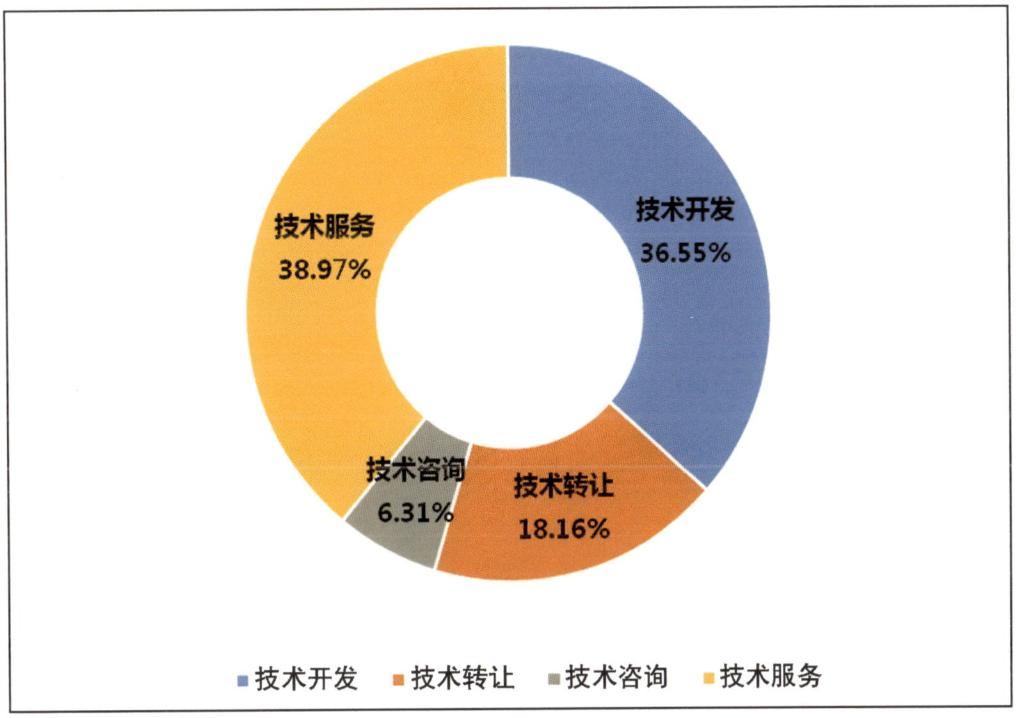

图 1-4 2021 年江西省技术合同类别占比

3. **电子信息领域技术交易额居首位**。电子信息领域技术合同成交额 84.68 亿元,占全省技术合同总成交额的 20.45%;先进制造、新材料及其应用分别居第二、三位,成交额分别为 79.54 亿元、72.79 亿元,分别占全省技术合同总成交额的 19.21%、17.58%。相关数据详见图 1-5、附表 2。

4. **知识产权技术合同显著增长**。全省涉及知识产权的技术合同有 3388 项,成交额为 239.74 亿元,同比增长 124.82% 和 131.45%。在各类涉及知识产权的技术合同中(图 1-6):技术秘密合同成交额居首位,达到 117.10 亿元,占全省技术合同总成交额的 28.29%;专利、计算机软件著作权合同紧随其后,分别居第二、三位,成交额分别为 87.37 亿元、24.20 亿元,分别占全省技术合同总成交额的 21.10% 和 5.85%。

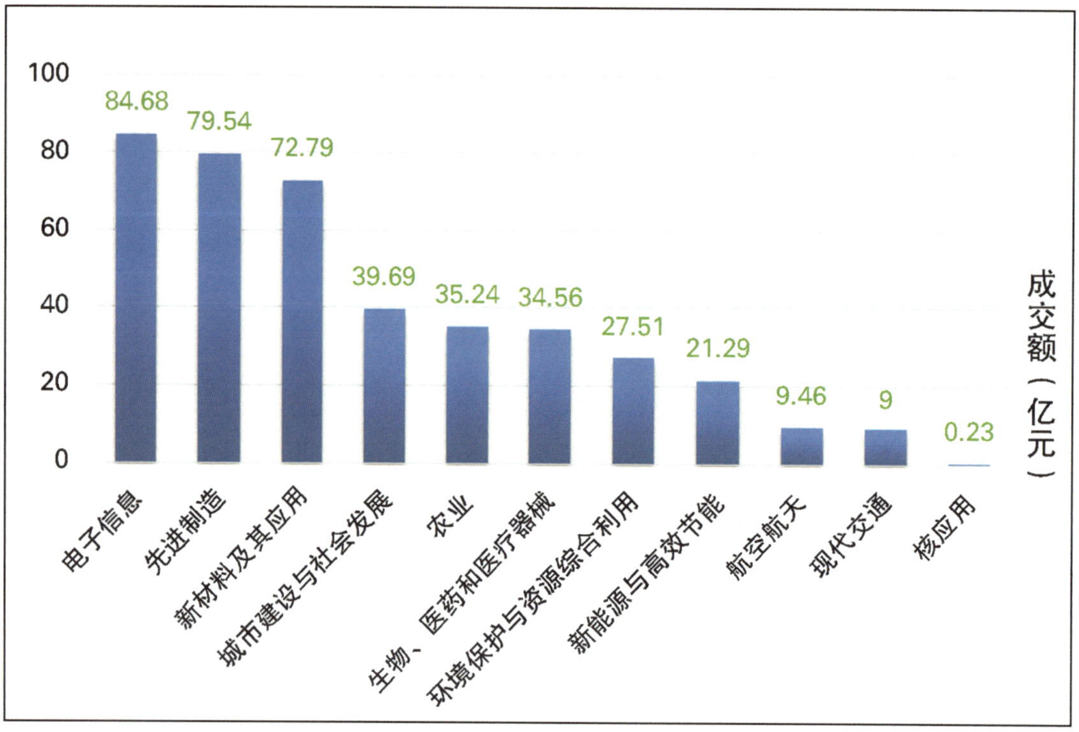

图 1－5　2021 年江西省各技术领域技术合同成交额

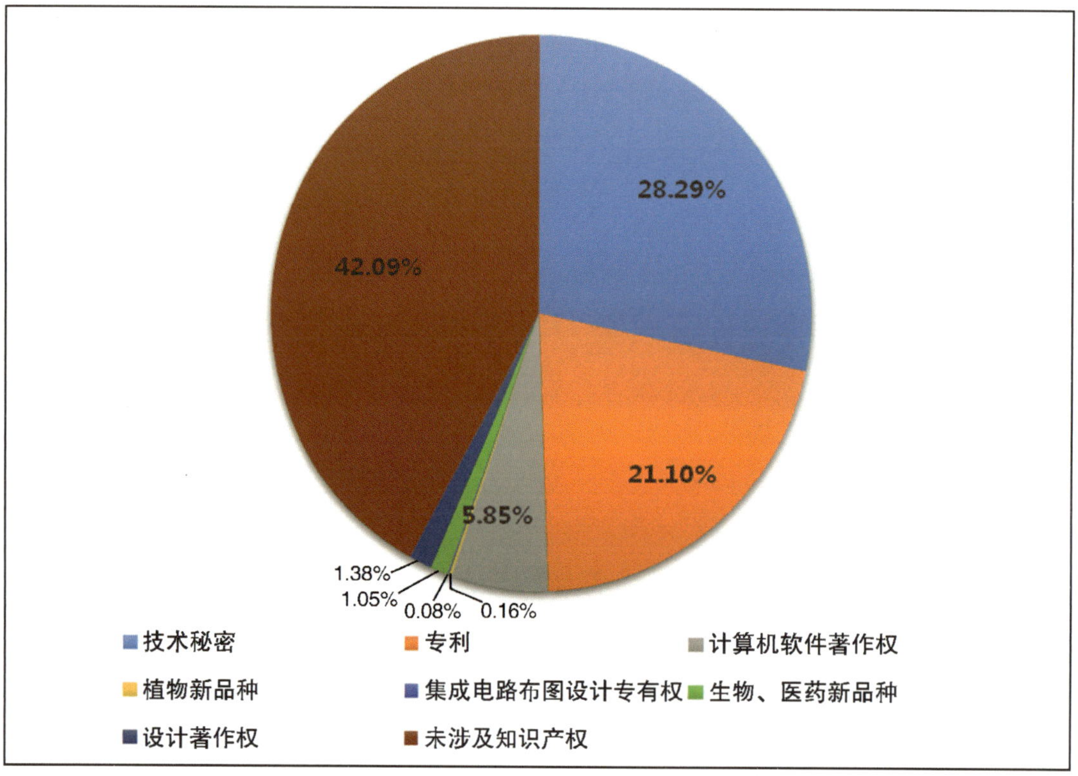

图 1－6　2021 年江西省技术合同知识产权类别构成及占比

5. 社会经济目标主要围绕其他民用目标、社会发展和社会服务、工商业发展三大领域。这三个领域技术合同成交量分别为1349项、1028项和623项，成交额分别为131.17亿元、69.73亿元和65.30亿元，成交额合计占全省技术合同总成交额的64.30%，详见图1－7。

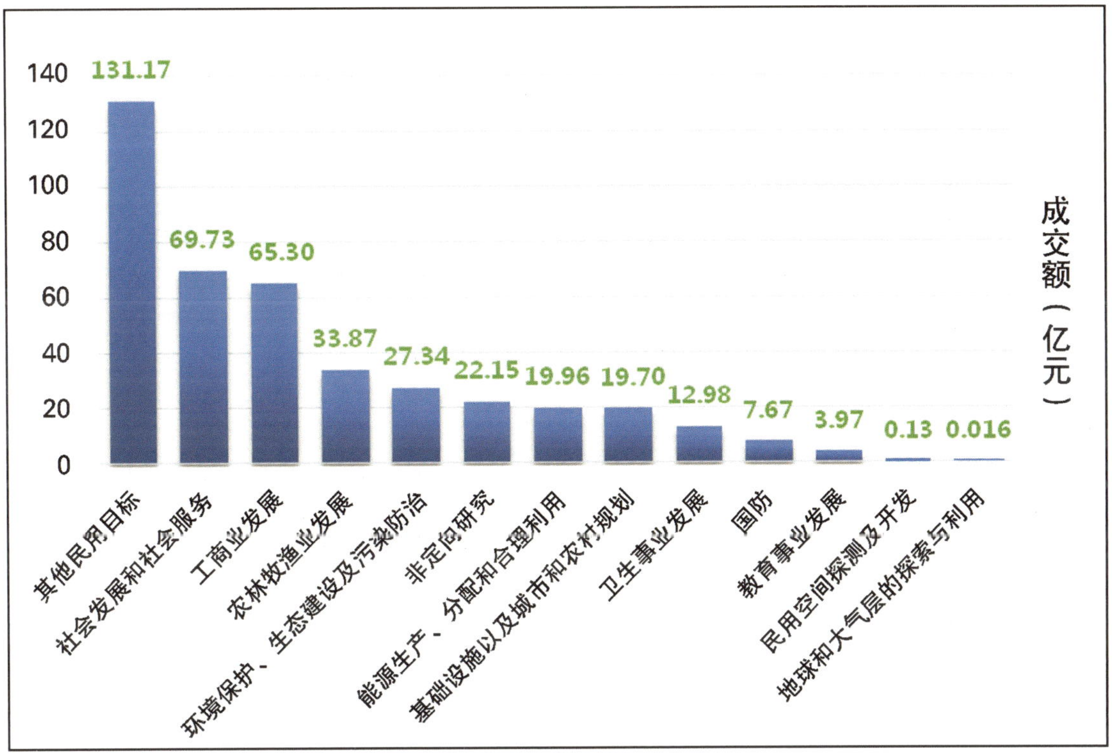

图1－7　2021年江西省各技术经济目标技术合同成交额

二、交易特点

1. 技术市场交易呈现良好势头

2021年，江西省技术市场登记的技术开发、技术转让、技术咨询、技术服务等“四技”合同的数量与成交额齐步增长，技术市场发展呈现出强劲动力和良好势头。一是以产品设计、技术评价、测试分析、技术中介等形式开展技术服务的合同交易成为主流，登记技术服务合同2627项，成交金额161.35亿元，约占“四技”合同成交总金额的39%。二是以订单式进行技术委托开发的合同依然是技术交易的主要形式，技术开发类合同数达2159项，成交金额151.30亿元，占到当年“四技”合同总数和成交总金额的近四成。三是以专利、软著、生物（医药）新品种等技术产权转让或专利许可形式交易的合同数达 791 项，成交金额 75.20 亿元，数据表明以技术产权转让（或许可）形式进行交易越来越受各方青睐。

2. 企业创新主体地位更加凸显

江西省技术市场建设坚持以推进创新型省份建设为引领，不断深化科技体制机制改革，大力营造“以企业为主体，以市场为导向，政产学研用结合”的创新创业环境，发挥“产业、企业、项目、载体、团队”五位一体的扶持模式，引导企业成为技术创新和成果转化的主体，提升创新供给质量，加快创新成果转化，培育产业发展新动能。2021 年，企业法人共签订吸纳技术合同 5052 项，成交额 372.61 亿元，占全省各类主体技术合同成交额的 90%，且同比增幅明显。

3. 技术交易贴近产业发展需求

随着江西省扶持战略性新兴产业和传统优势产业政策的持续实施，科技创新突破力度进一步加大，一批紧贴产业发展需求、解决产业发展“卡脖子”难题的新技术和新成果加速交易和流动，助推产业结构优化升级。2021 年江西省技术合同交易涉及 20 个国民经济行业和 12 个重点技术领域。其中，电子信息领域技术合同成交额 84.68 亿元，先进制造领域技术合同成交额 79.54 亿元，新材料及其应用领域技术合同成交额 72.79 亿元，分别居前三位。生物医药和医疗器械、环境保护与资源综合利用、农业、城市建设与社会发展、新能源与高效节能领域的技术合同成交额均超过 20 亿元。

4. 高校院所创新活力得到释放

随着国家出台一系列促进国有研发机构和高等院校科技成果使用权、处置权、收益权管理改革等激励政策，省政府出台了一系列深化科技体制机制改革、鼓励科技人员创新创业等配套政策，进一步明确了科研院所、高等院校可自主通过转让、许可或者作价投资等方式向企业或其他组织转移转化科技成果，健全了科技成果转移转化收入分配和激励制度，支持科技人员离岗创新创业，全社会创新创业活力得到进一步释放。2021 年，高等院校、科研院所等科研单位技术输出成交额 29.90 亿元，签订技术输出合同 2141 项，占全省技术合同总数的 32.30%，创新供给主体地位更加凸显。

第二部分　技术合同构成

一、合同类别构成

2021 年，技术开发、技术转让、技术咨询、技术服务四类技术合同数量及成交额均实现不同程度的增长（图 2－1、图 2－2、图 2－3）。在“四技”合同中，技术服务和技术开发合同居于领先地位，合同成交额占全省技术合同总成交额的 75.53%。

其中：技术服务合同成交 2627 项，同比增长 70.70%；成交额为 161.35 亿元，同比增长 54.15%，占全省技术合同总成交额的 38.97%。

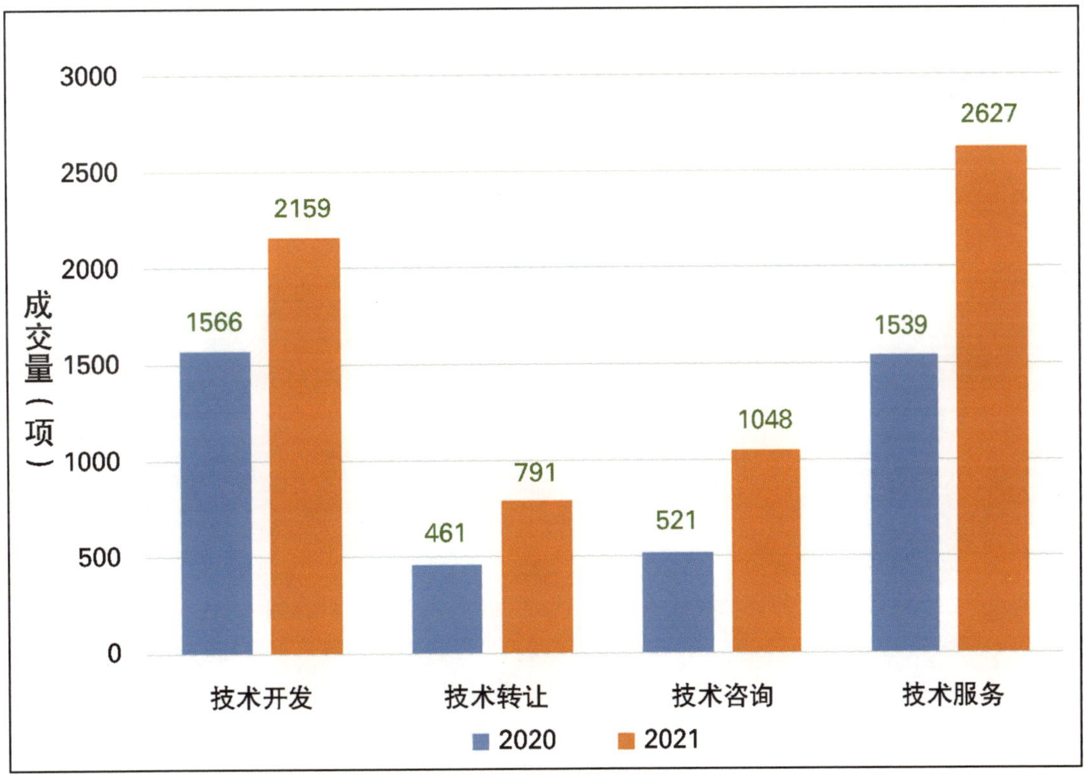

图 2－1　2020—2021 年江西省各类技术合同成交量

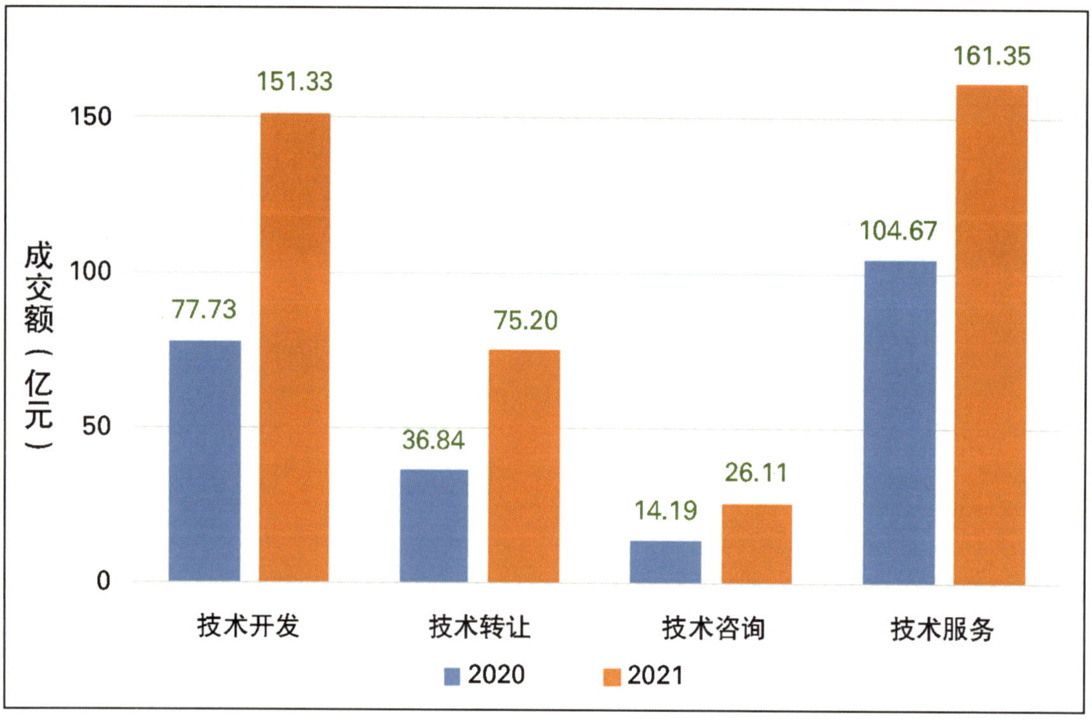

图 2－2　2020—2021 年江西省各类技术合同成交额

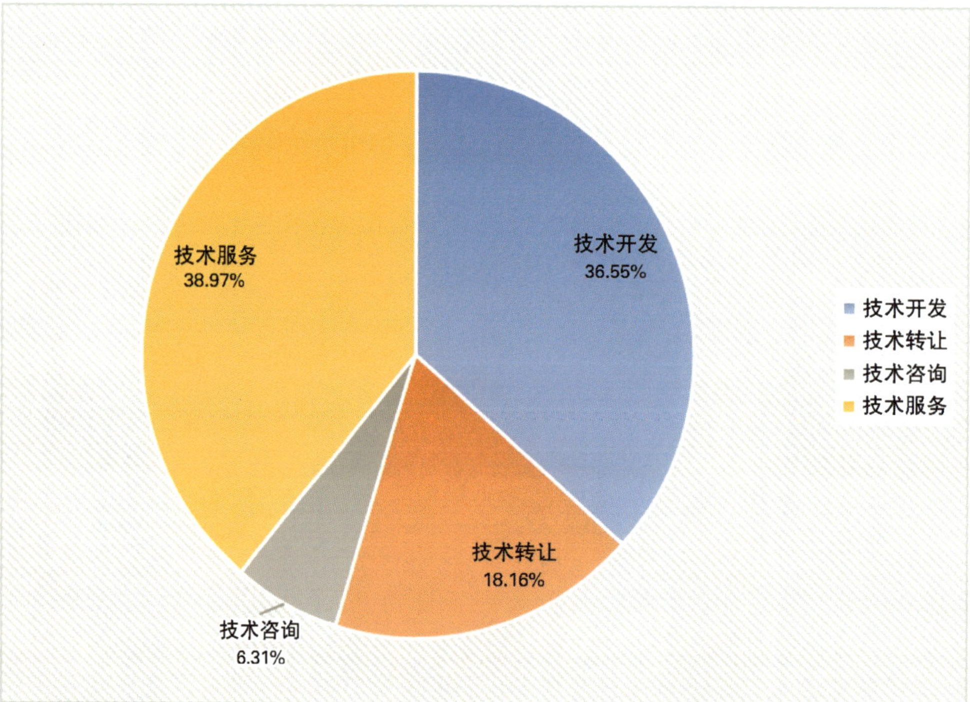

图 2－3　2021 年江西省各类技术合同成交额占比

技术开发合同成交 2159 项，同比增长 37.87%；成交额为 151.33 亿元，同比增长 94.69%，占全省技术合同总成交额的 36.55%。

技术转让合同成交 791 项，同比增长 71.58%；成交额为 75.20 亿元，同比增长 104.13%，占全省技术合同总成交额的 18.16%。

技术咨询合同成交 1048 项，同比增长 101.15%；成交额为 26.11 亿元，同比增长 84.00%，占全省技术合同总成交额的 6.31%。

二、知识产权构成

全省涉及知识产权的技术合同有 3388 项，同比增长 124.82%；成交额为 239.74 亿元，同比增长 131.45%，占全省技术合同总成交额的 57.91%。

在各类涉及知识产权的技术合同中，技术秘密是知识产权的最主要形式，其合同成交 1723 项，同比增长 147.91%；成交额为 117.10 亿元，同比增长 99.90%，占全省技术合同总成交额的 28.29%。

专利技术合同成交 775 项，同比增长 138.46%；成交额为 87.37 亿元，同比增长 208.07%，占全省技术合同总成交额的 21.10%。

计算机软件著作权合同成交 340 项，同比增长 14.86%；成交额为 24.20 亿元，同比增长 143.71%，占全省技术合同总成交额的 5.85%。

全省未涉及知识产权的技术合同成交 3237 项，同比增长 25.47%；成交额 174.26 亿元，同比增长 34.20%，占全省技术合同总成交额的 42.09%。

相关数据参见图 2－4、图 2－5、图 2－6。

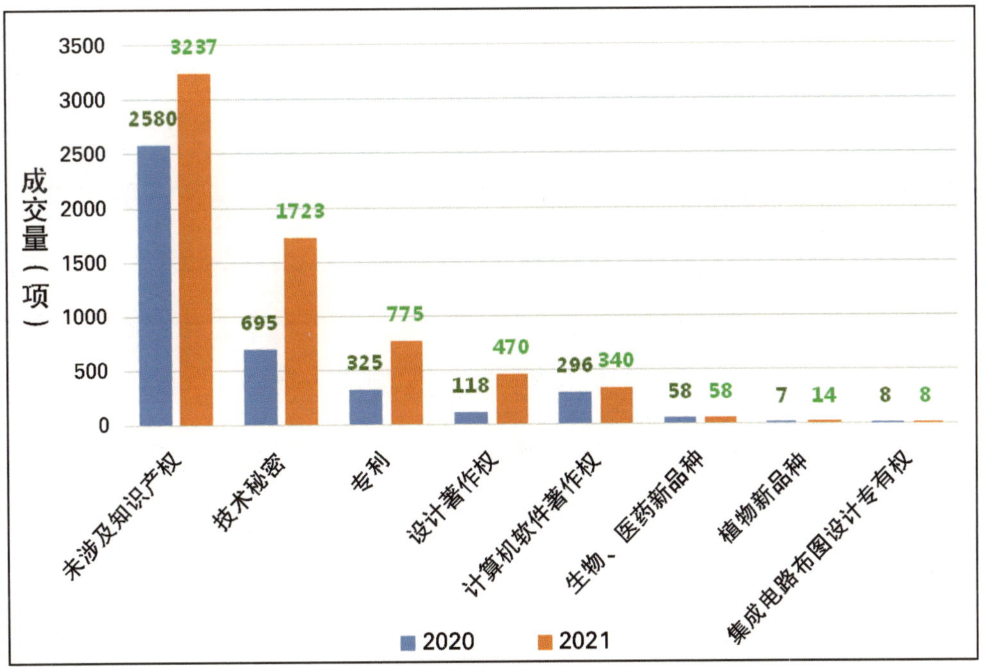

图 2－4　2020—2021 年江西省知识产权技术合同成交量

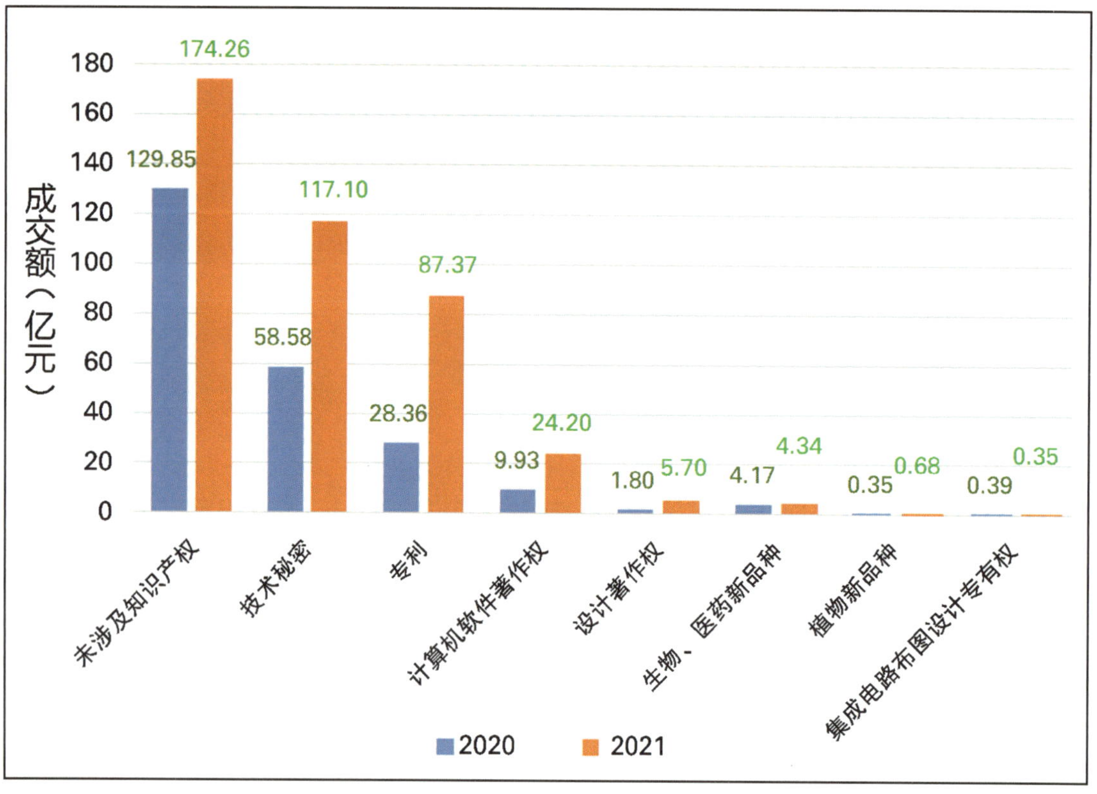

图 2－5　2020—2021 年江西省知识产权技术合同成交额

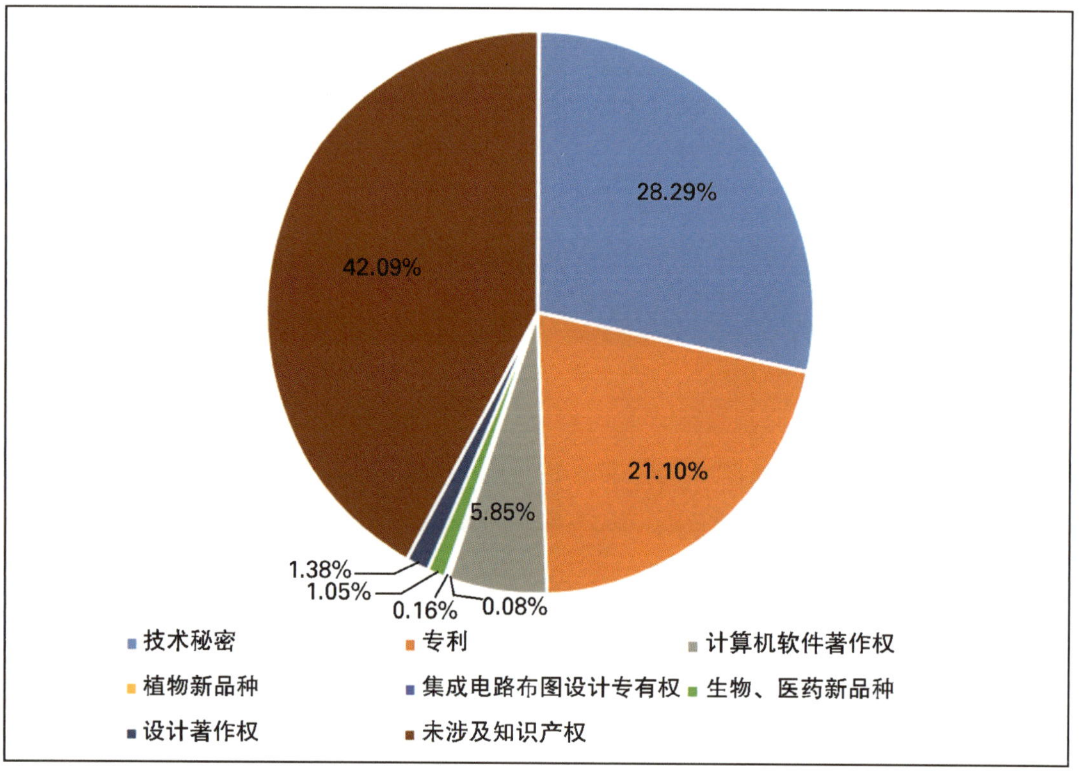

图 2－6　2021 年江西省知识产权技术合同构成及成交额占比

三、技术领域构成

从技术合同所属技术领域分析，在 11 个技术领域中，电子信息领域技术交易额居首位，先进制造、新材料及其应用分别居第二、三位，以上三个技术领域所涉及的技术合同成交额占全省技术合同总成交额的 57. 25%。

其中：电子信息领域合同成交 1313 项，同比增长 30. 78%；成交额为 84. 68 亿元，同比增长 125. 75%，占全省技术合同总成交额的 20. 45%。

先进制造领域合同成交 993 项，同比增长 119. 69%；成交额为 79. 54 亿元，同比增长 120. 82%，占全省技术合同总成交额的 19. 21%。

新材料及其应用领域合同成交 712 项，同比增长 46. 50%，成交额为 72. 79 亿元，同比增长 109. 71%，占全省技术合同总成交额的 17. 58%。

城市建设与社会发展领域合同成交 899 项，同比增长 16%；成交额为 39. 69 亿元，同比增长 -9. 59%，占全省技术合同总成交额的 9. 59%。

农业领域合同成交 1103 项，同比增长 325. 87%；成交额为 35. 24 亿元，同比增长 171. 91%，占全省技术合同总成交额的 8. 51%。

生物、医药和医疗器械领域合同成交 564 项，同比增长 11. 46%；成交额为 34. 56 亿元，同比增长 49. 55%，占全省技术合同总成交额的 8. 35%。

环境保护与资源综合利用领域合同成交 621 项，同比增长 159. 83%；成交额为 27. 51 亿元，同比增长 95. 38%，占全省技术合同总成交额的 6. 65%。

新能源与高效节能领域合同成交 212 项，同比增长 9. 84%；成交额为 21. 29 亿元，同比增长 34. 32%，占全省技术合同总成交额的 5. 14%。

航空航天领域合同成交 114 项，同比增长 8. 57%；成交额为 9. 46 亿元，同比增长 34. 38%，占全省技术合同总成交额的 2. 29%。

现代交通领域合同成交 84 项，同比增长 25. 37%；成交额为 9 亿元，同比增长 8. 83%，占全省技术合同总成交额的 2. 17%。

核应用领域技术合同成交量和成交额均实现突破性增长。该领域合同成交 10 项，同比增长 900%；成交额为 0. 23 亿元，同比增长 152. 33%，占全省技术合同总成交额的 0. 06%。

相关数据参见图 2 -7、图 2 -8、图 2 -9。

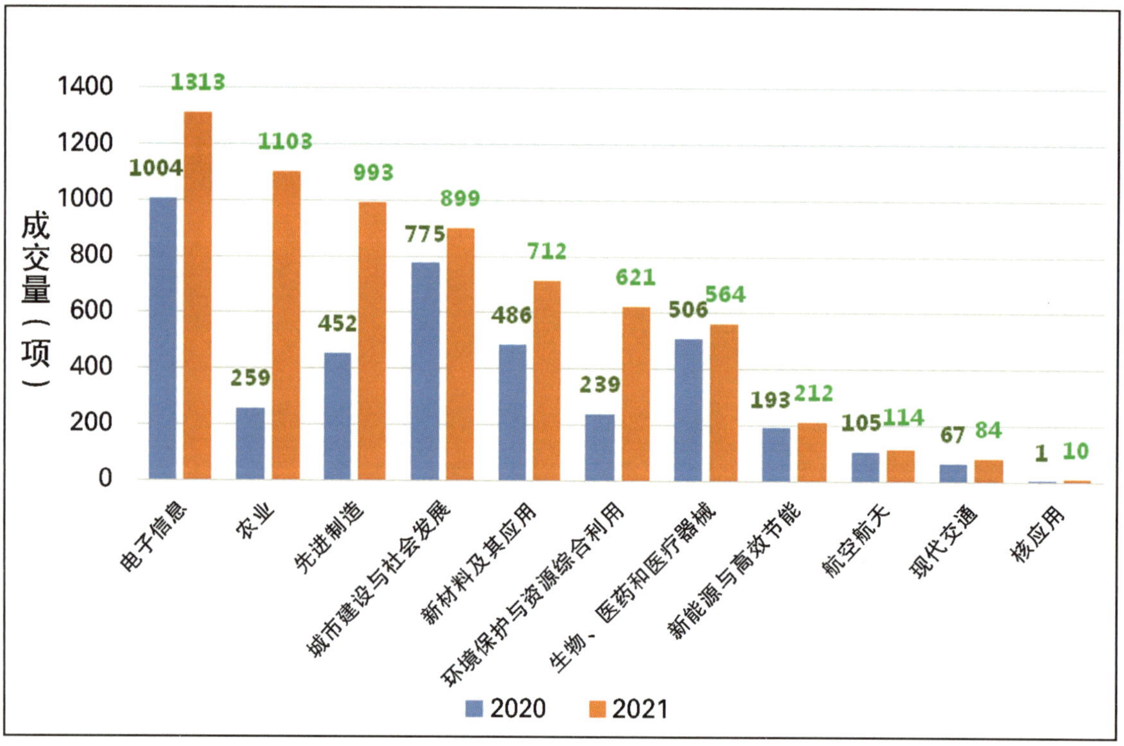

图 2 -7　2020—2021 年江西省各技术领域技术合同成交量

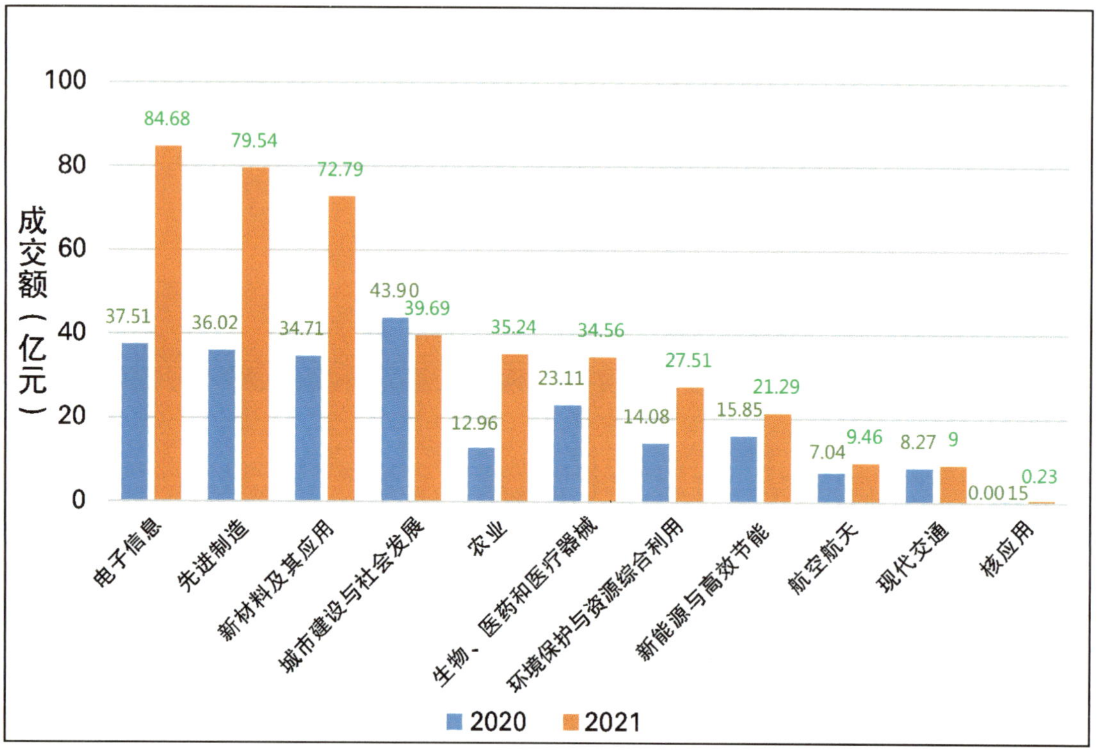

图 2 -8　2020—2021 年江西省各技术领域技术合同成交额

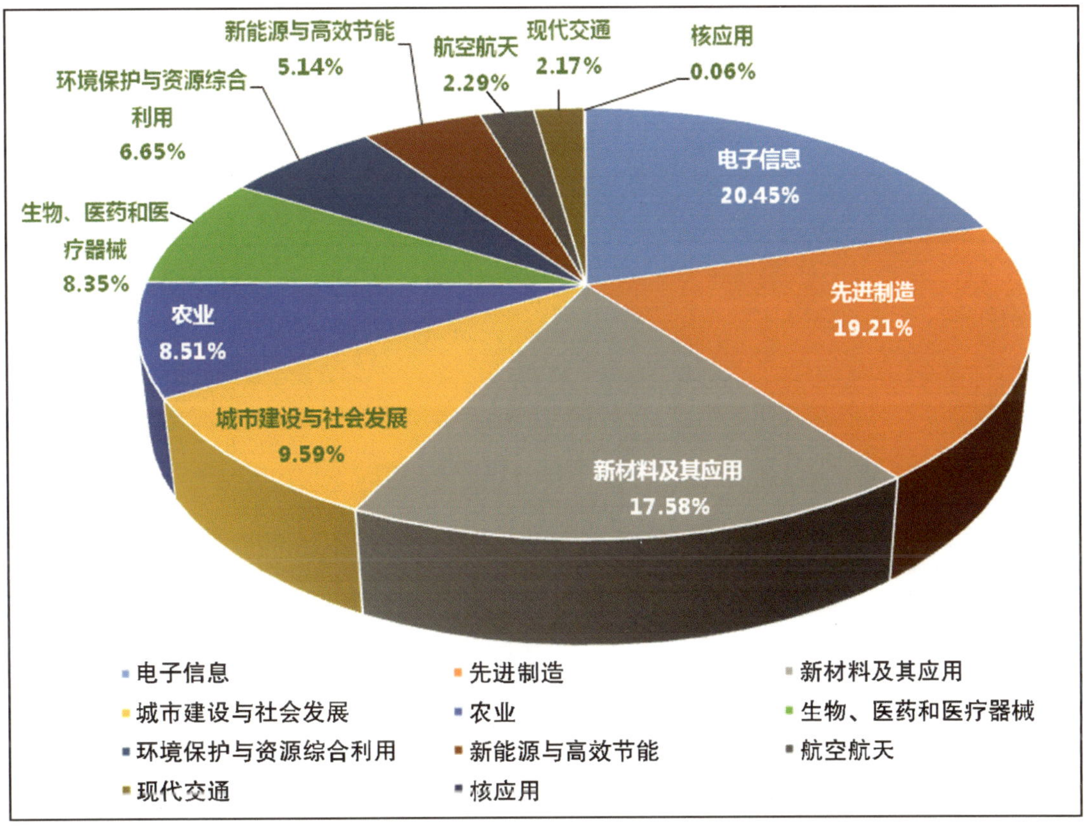

图 2-9 2021 年江西省各技术领域技术合同构成及成交额占比

四、社会—经济目标构成

在社会—经济目标构成中，其他民用目标，社会发展和社会服务，工商业发展，农林牧渔业发展，环境保护、生态建设及污染防治，非定向研究，能源生产、分配和合理利用，基础设施以及城市和农村规划，卫生事业发展这 9 个应用行业成为主要目标领域，技术合同成交额合计占全省技术合同总成交额的 97.15%。

其中：其他民用目标合同成交 1349 项，同比增长 90%；成交额为 131.17 亿元，同比增长 93.55%，占全省技术合同总成交额的 31.68%，所占比重在各类目标中位居第一。

社会发展和社会服务目标合同成交 1028 项，同比减少 3.47%；成交额为 69.73 亿元，同比增长 72.34%，占全省技术合同总成交额的 16.84%，位居第二。

工商业发展目标合同成交 623 项，同比增长 25.60%；成交额为 65.30 亿元,同比增长 93.54%,占全省技术合同总成交额的 15.77%,位居第三。

农林牧渔业发展目标合同成交 1070 项,同比增长 294.83%;成交额为 33.87 亿元,同比增长 136.19%,占全省技术合同总成交额的 8.18%。

环境保护、生态建设及污染防治目标合同成交 627 项,同比增长 162.34%;成交额为 27.34 亿元,同比增长 61.68%,占全省技术合同总成交额的 6.60%。

非定向研究目标合同成交 257 项,同比增长 36.70%;成交额为 22.15 亿元,同比增长 235.61%,占全省技术合同总成交额的 5.35%。

能源生产、分配和合理利用目标合同成交 336 项,同比增长 27.27%;成交额为 19.96 亿元,同比增长 24.98%,占全省技术合同总成交额的 4.82%。

基础设施以及城市和农村规划目标合同成交 728 项,同比增长 67.36%;成交额为 19.70 亿元,同比增长 7.01%,占全省技术合同总成交额的 4.76%。

卫生事业发展目标合同成交 312 项,同比增长 57.58%;成交额为 12.98 亿元,同比增长 26.02%,占全省技术合同总成交额的 3.14%。

相关数据参见图 2-10、图 2-11、图 2-12。

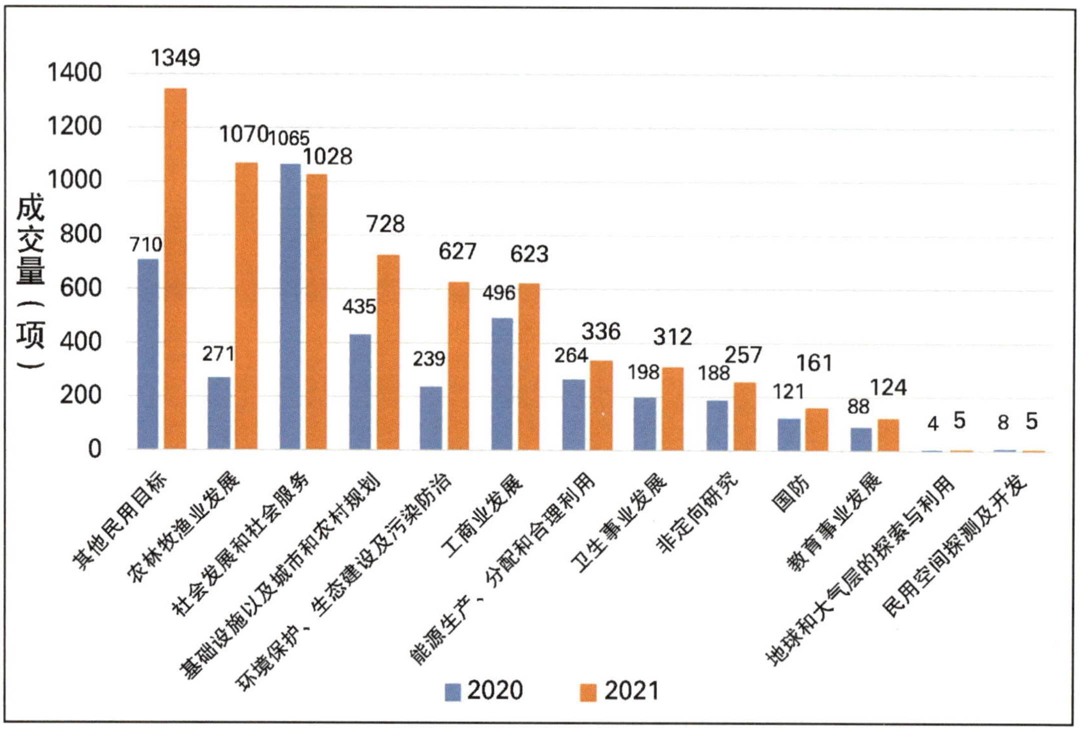

图 2-10　2020—2021 年江西省社会—经济目标技术合同成交量

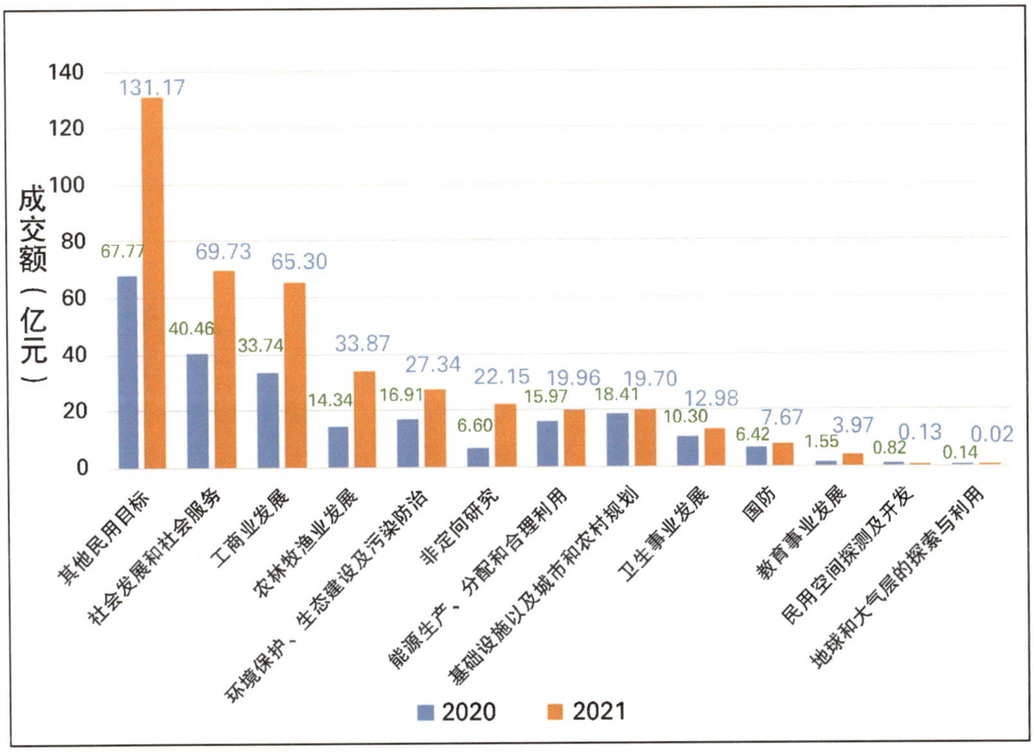

图 2－11　2020—2021 年江西省社会—经济目标技术合同成交额

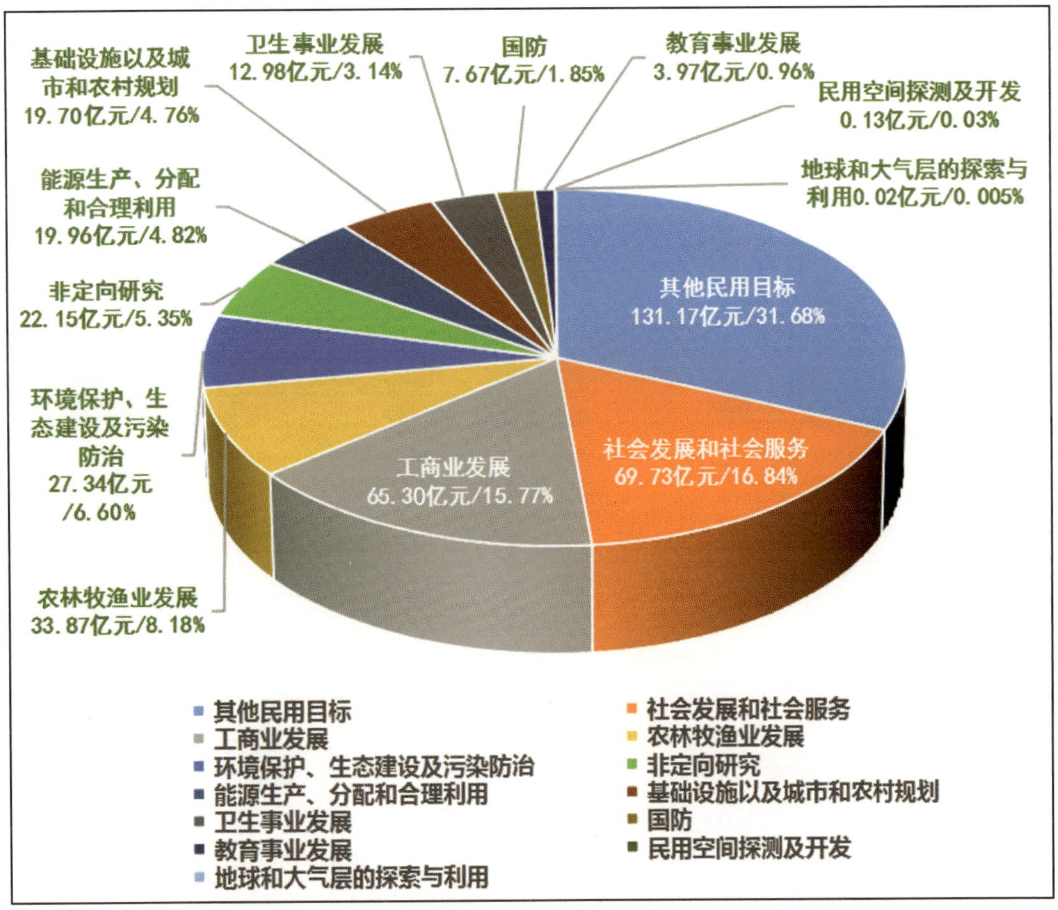

图 2－12　2021 年江西省社会—经济目标技术合同成交额及其占比

五、科技计划项目构成

全省计划外项目技术合同成交 4792 项，同比增长 63.38%；成交额为 318.22 亿元，同比增长 82.82%，占全省技术合同总成交额的 76.87%。计划内项目技术合同成交 1833 项，同比增长 58.84%；成交额为 95.77 亿元，同比增长 61.28%，占全省技术合同总成交额的 23.13%。

其中：地、市、县计划成交额位居计划内各类计划之首，成交 1072 项；成交额为 64.28 亿元，同比增长 74.86%，占全省技术合同总成交额的 15.53%。

省、自治区、直辖市及计划单列市计划位居第二，成交 532 项；成交额为 24.05 亿元，同比增长 72.03%，占全省技术合同总成交额的 5.81%。

部门计划位居第三，成交 205 项；成交额为 5.62 亿元，同比减少 20.06%，占全省技术合同总成交额的 1.36%。

相关数据参见图 2－13、图 2－14、图 2－15。

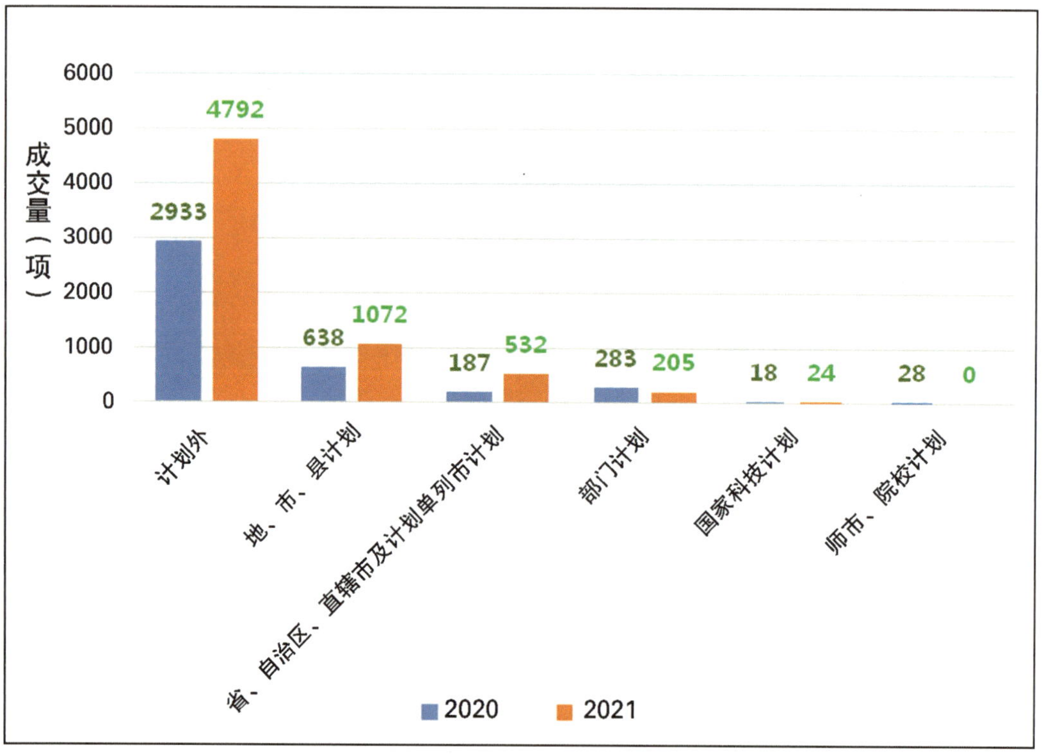

图 2－13　2020—2021 年江西省计划项目技术合同成交量

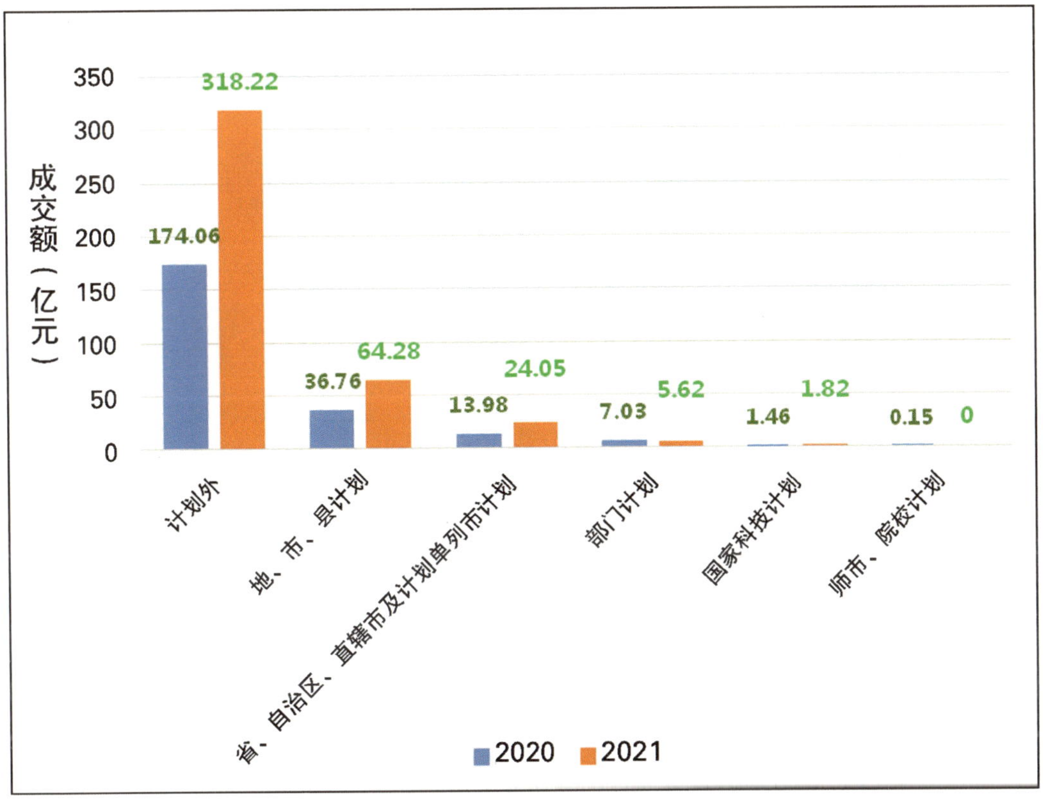

图 2－14　2020—2021 年江西省计划项目技术合同成交额

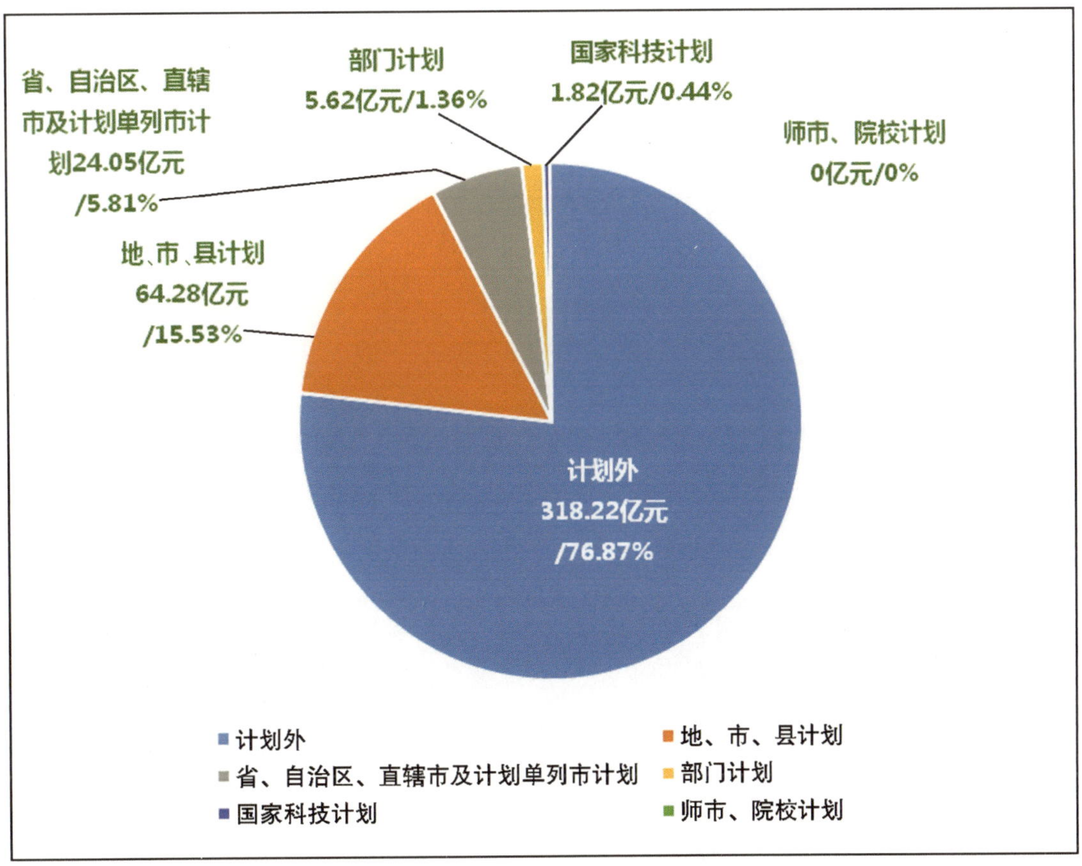

图 2－15　2021 年江西省计划项目技术合同成交额及其占比

六、技术交易主体构成

由图 2－16 可知:企业法人技术输出和吸纳均居首位,企业技术交易主体地位稳固,输出和吸纳技术总量均实现持续增长,创新能力明显提升;机关法人输出高于吸纳,与 2020 年相比,机关法人购买服务力度减弱,成交额同比下降 23.38%;技术输出能力增强,成交额同比增长 82.66%;以高等院校和科研机构为主的事业法人输出远高于吸纳,技术输出能力显著提升,输出技术合同成交额达到 29.87 亿元,同比增长 99.67%。

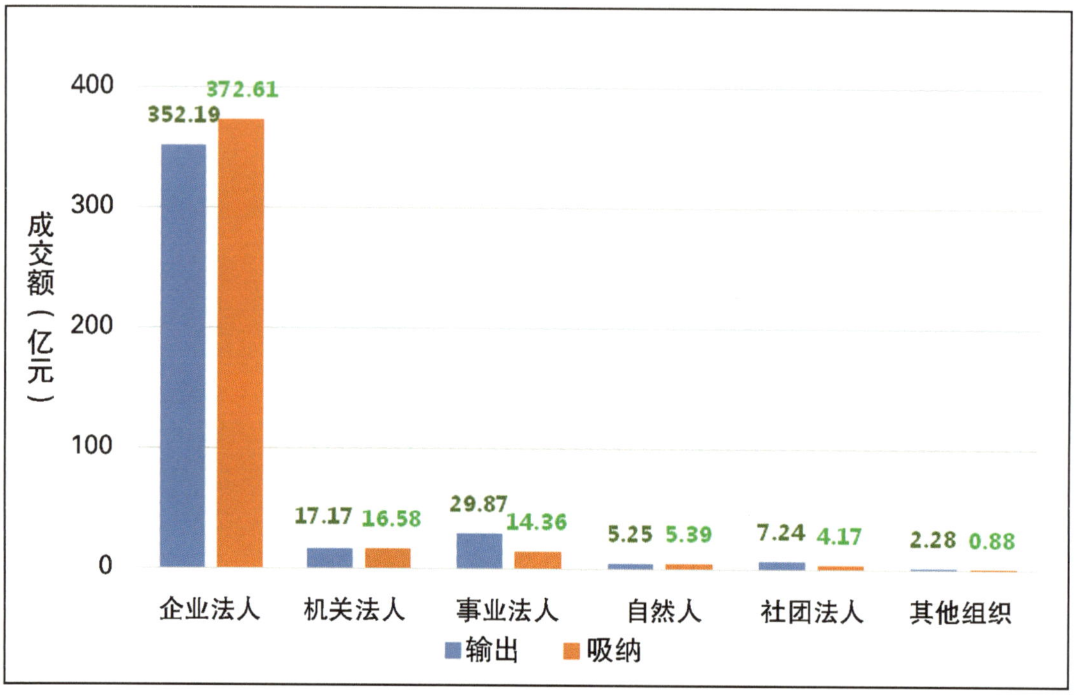

图 2－16　2021 年技术交易双方主体构成

1. 技术输出方

企业法人输出技术合同数量和成交额均高于其他主体,事业法人输出技术合同数量和成交额位居第二。相关数据参见图 2－17、图 2－18、附表 5。

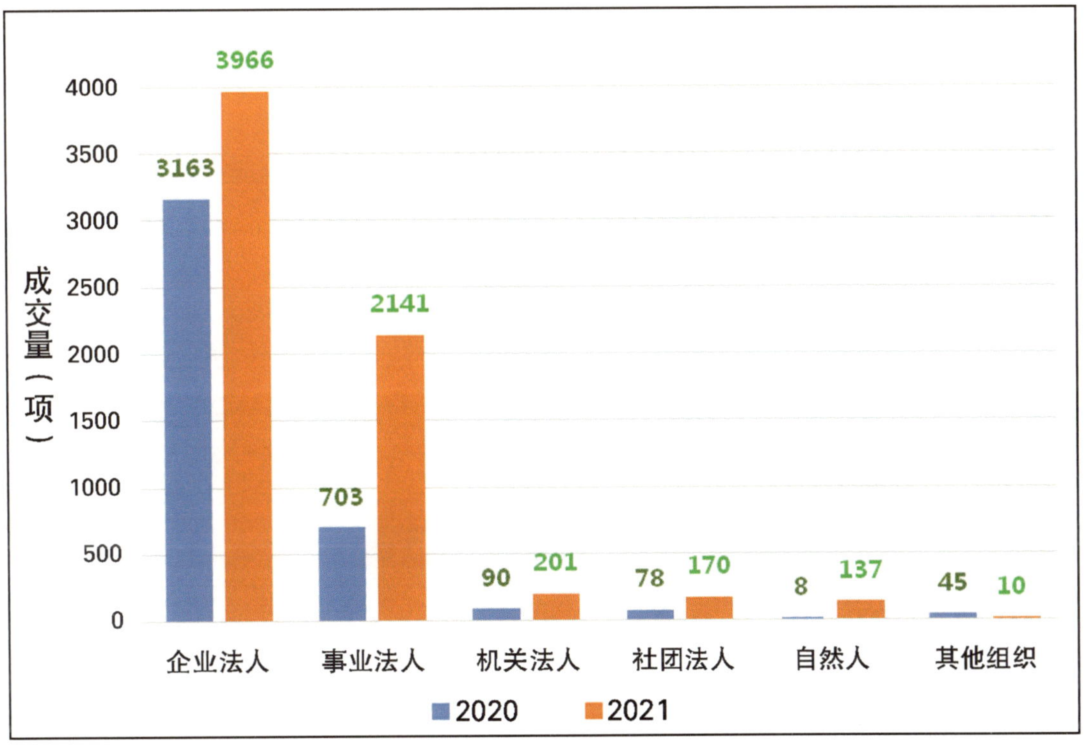

图 2－17　2020—2021 年江西省技术卖方技术合同成交量

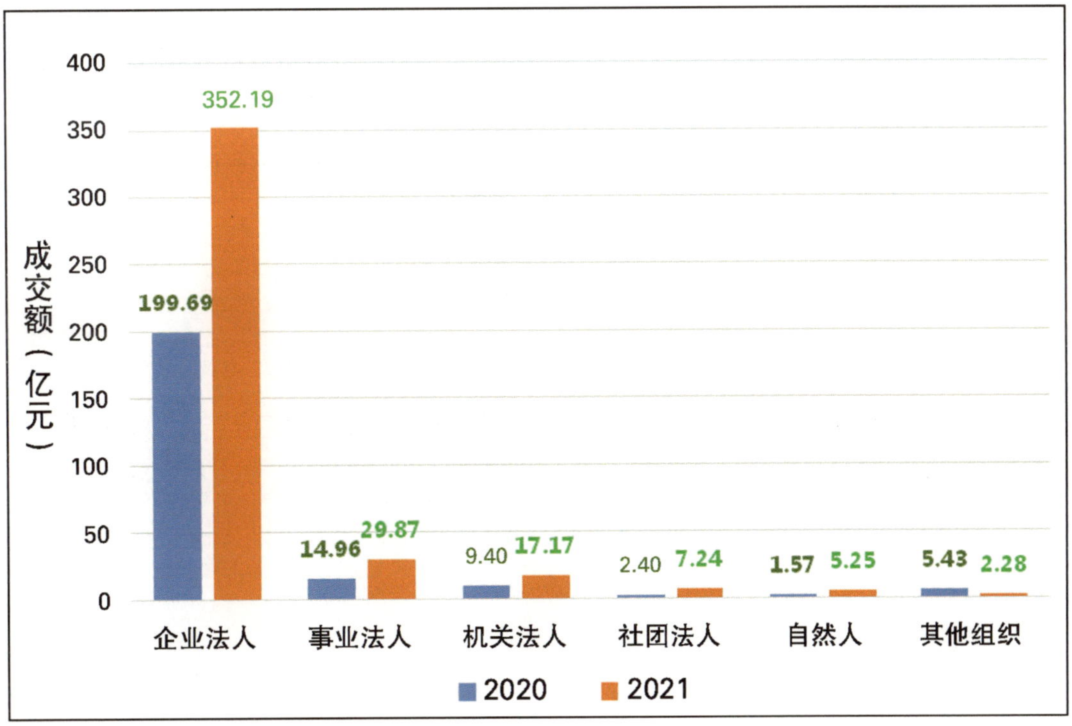

图 2－18　2020—2021 年江西省技术卖方技术合同成交额

（1）企业法人输出

企业法人共输出技术合同 3966 项，同比增长 25.39%；成交额为 352.19 亿元，同比增长 76.37%，占全省技术合同总成交额的 85.07%。相关数据参见图 2－19、附表 5。

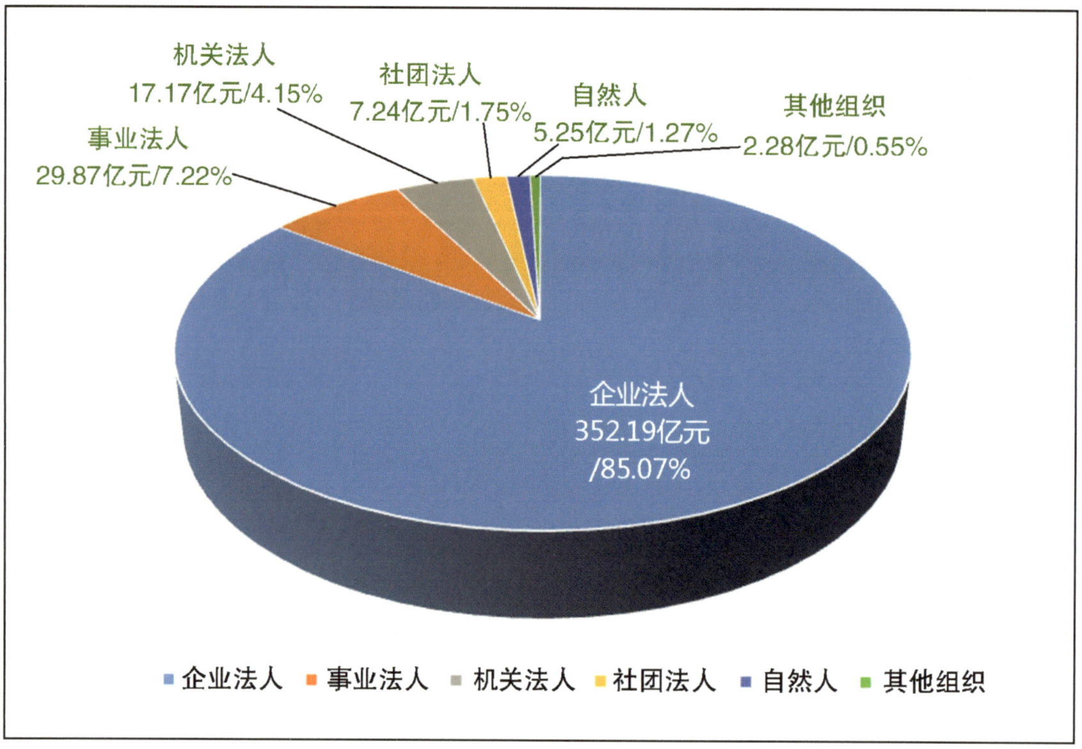

图 2－19　2020—2021 年江西省技术卖方技术合同成交额及其占比

企业法人技术输出对象依次为企业、机关法人和事业法人。其中：输出到企业法人的技术合同 3059 项，成交额为 317.88 亿元，居第一位，占企业法人技术输出合同成交额的 90.26%；输出到机关法人的技术合同 409 项，成交额为 14.85 亿元，居第二位，占企业法人技术输出合同成交额的 4.22%；输出到事业法人的技术合同 395 项，成交额为 12.59 亿元，居第三位，占企业法人技术输出合同成交额的 3.57%。相关数据参见图 2－20。

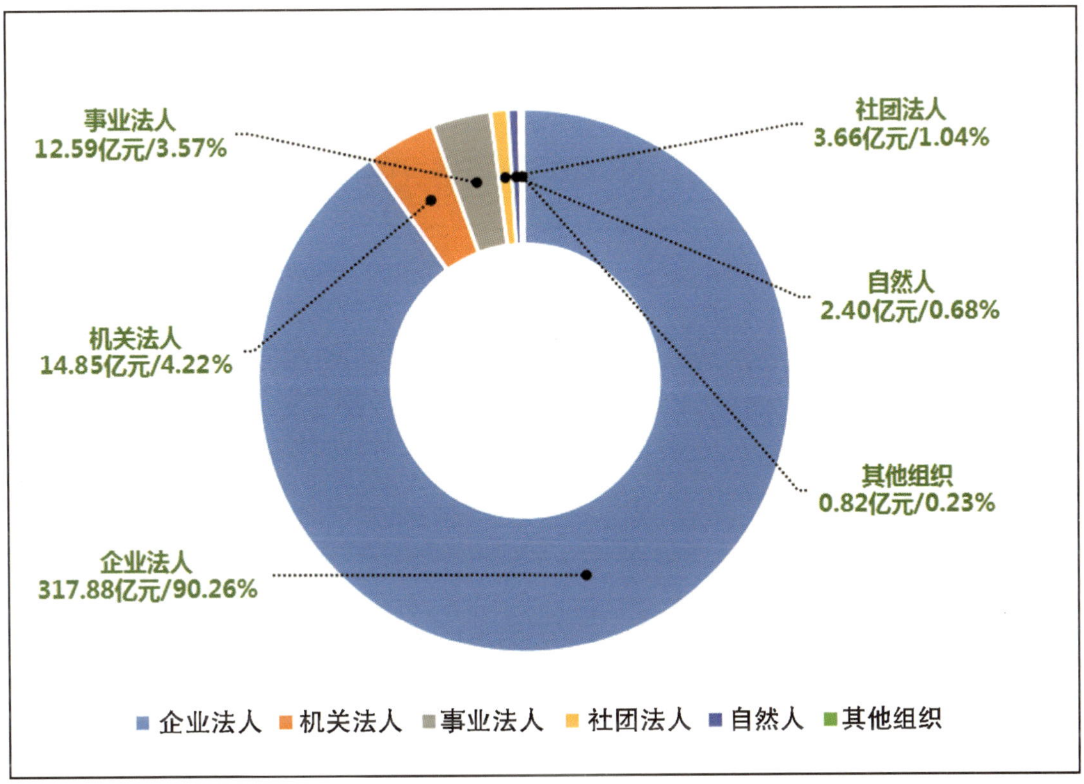

图 2－20　2021 年企业法人输出技术流向

(2)事业法人输出

事业法人技术合同输出总量显著增长,累计输出技术合同 2141 项,同比增长 204.55%;成交额为 29.87 亿元,同比增长 99.67%,占全省技术合同总成交额的 7.22%。相关数据参见附表 5。

事业法人技术输出对象依次为企业法人、机关法人和事业法人。其中:输出到企业法人的技术合同 1592 项,成交额为 26.85 亿元,居第一位,占事业法人技术输出合同成交额的 89.89%;输出到机关法人的技术合同 193 项,成交额为 1.39 亿元,居第二位,占事业法人技术输出合同成交额的 4.65%;输出到事业法人的技术合同 299 项,成交额为 1.08 亿元,居第三位,占事业法人技术输出合同成交额的 3.62%。相关数据参见图 2－21。

2. 技术吸纳方

企业法人技术需求快速增长,吸纳技术合同数量和成交额均居首位;事业法人、自然人、社团法人吸纳技术合同成交额均有不同程度的增长;机关法人、其他组织吸纳技术合同成交额有所下降。相关数据参见图 2－22、图 2－23、附表 6。

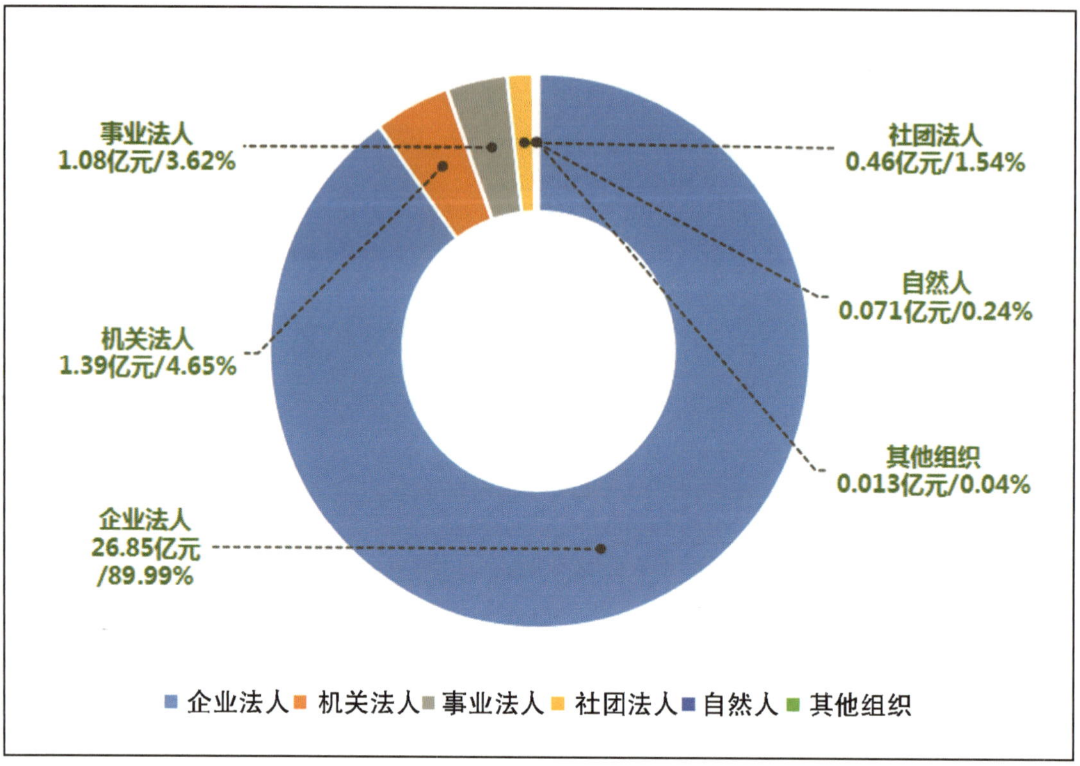

图 2－21　2021 年事业法人输出技术流向

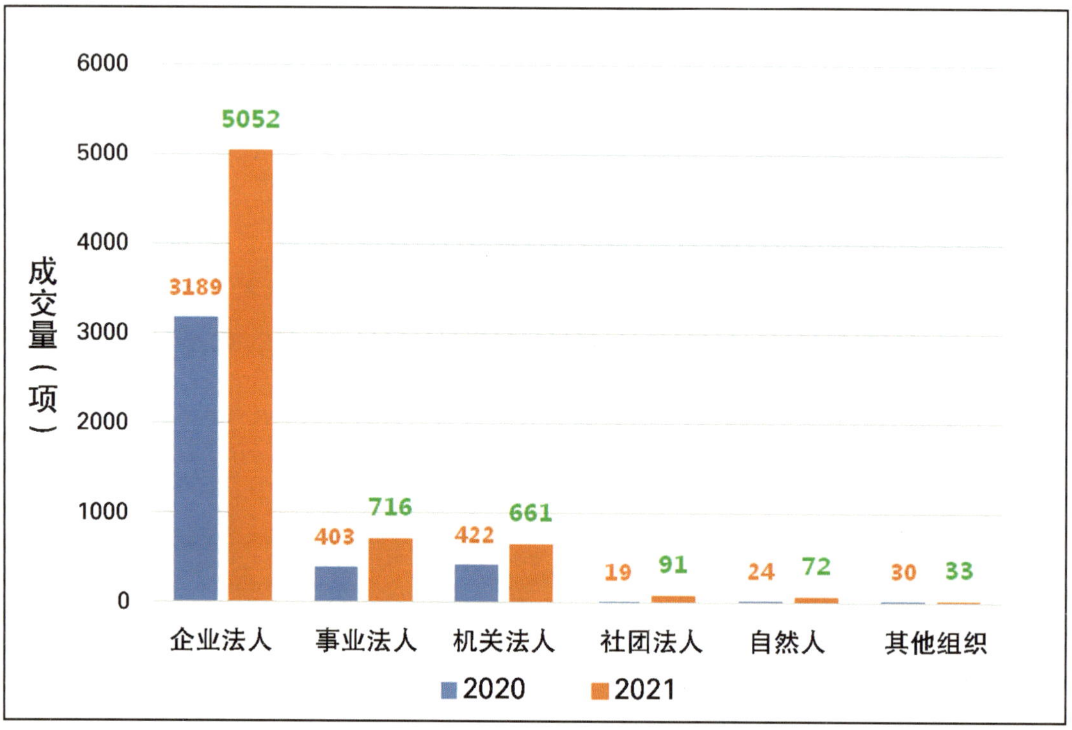

图 2－22　2020—2021 年江西省技术买方技术合同成交量

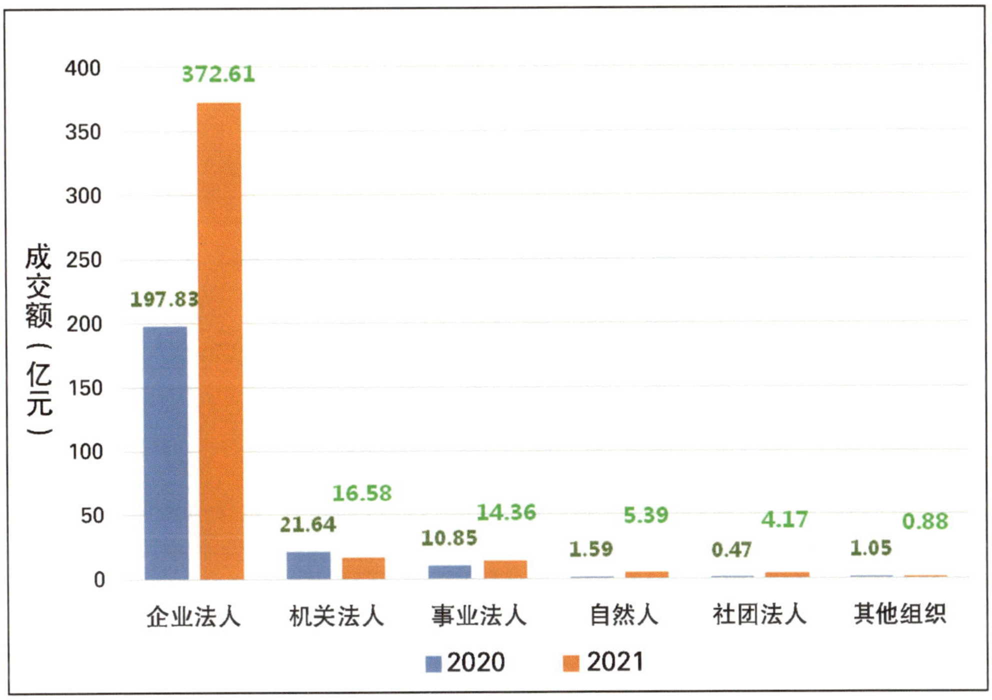

图 2－23　2020—2021 年江西省技术买方技术合同成交额

(1)企业法人吸纳

企业法人是技术吸纳的主体，累计吸纳技术合同 5052 项，同比增长 58.42%；成交额为 372.61 亿元，同比增长 88.35%，占全省技术合同总成交额的 90.00%。相关数据参见图 2－24、附表 6。

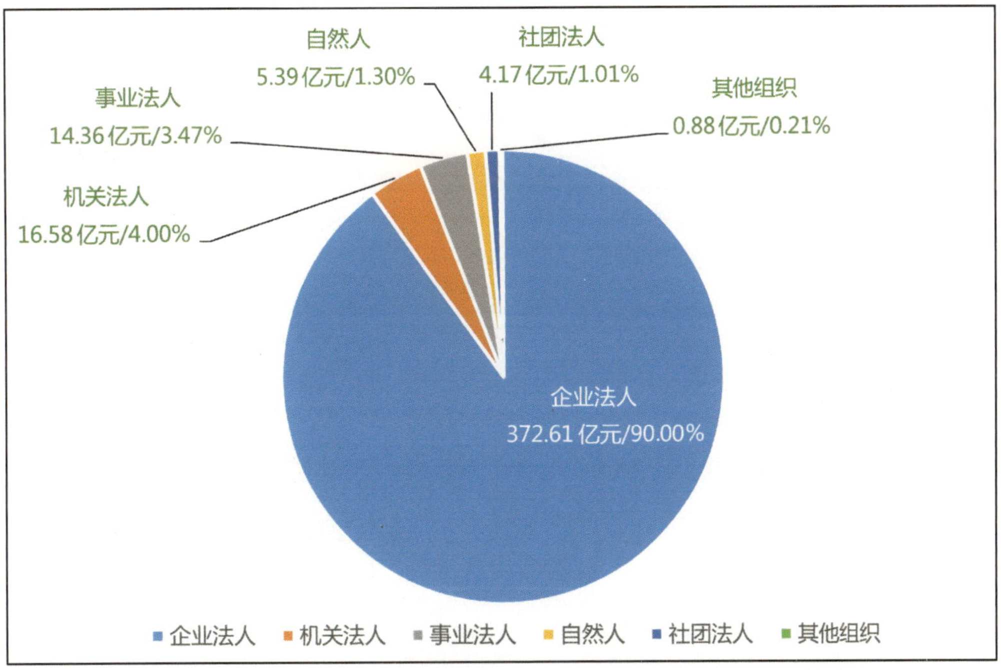

图 2－24　2020—2021 年江西省技术买方技术合同成交额及其占比

企业间技术吸纳成交额占八成，是企业技术吸纳的主要来源。其中：吸纳企业法人的技术合同 3059 项，成交额为 317. 88 亿元，居第一位，占企业法人吸纳技术合同成交额的 85. 31%；吸纳事业法人的技术合同 1592 项，成交额为 26. 85 亿元，居第二位，占企业法人吸纳技术合同成交额的 7. 21%；吸纳机关法人的技术合同 172 项，成交额为 16. 31 亿元，居第三位，占企业法人吸纳技术合同成交额的 4. 38%。相关数据参见图 2－25。

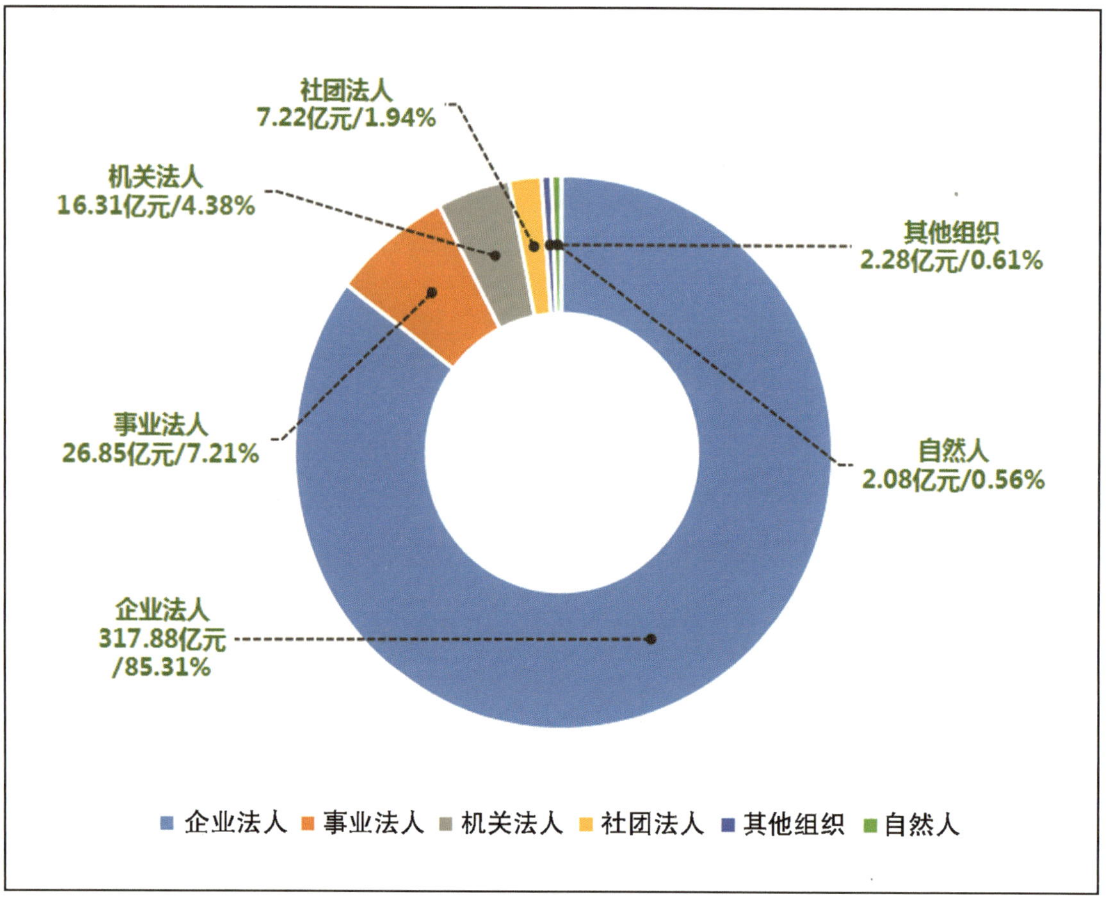

图 2－25　2021 年企业法人吸纳技术来源

（2）事业法人吸纳

事业法人吸纳技术总量显著增长，共吸纳技术合同 716 项，同比增长 77. 67%；成交额为 14. 36 亿元，同比增长 32. 35%，占全省技术合同总成交额的 3. 47%。相关数据参见图 2－24、附表 6。

事业法人技术吸纳的主要来源为企业，与企业的技术吸纳成交额占八成。其中：吸纳企业法人的技术合同 395 项，成交额为 12. 59 亿元，居第一位，占事业法人吸纳技术合同成交额的 87.67%;吸纳事业法人的技术合同 299 项,成交额为 1.08 亿元,居第二位,占事业法人吸纳技术合同成交额的 7.52%。相关数据参见图 2－26。

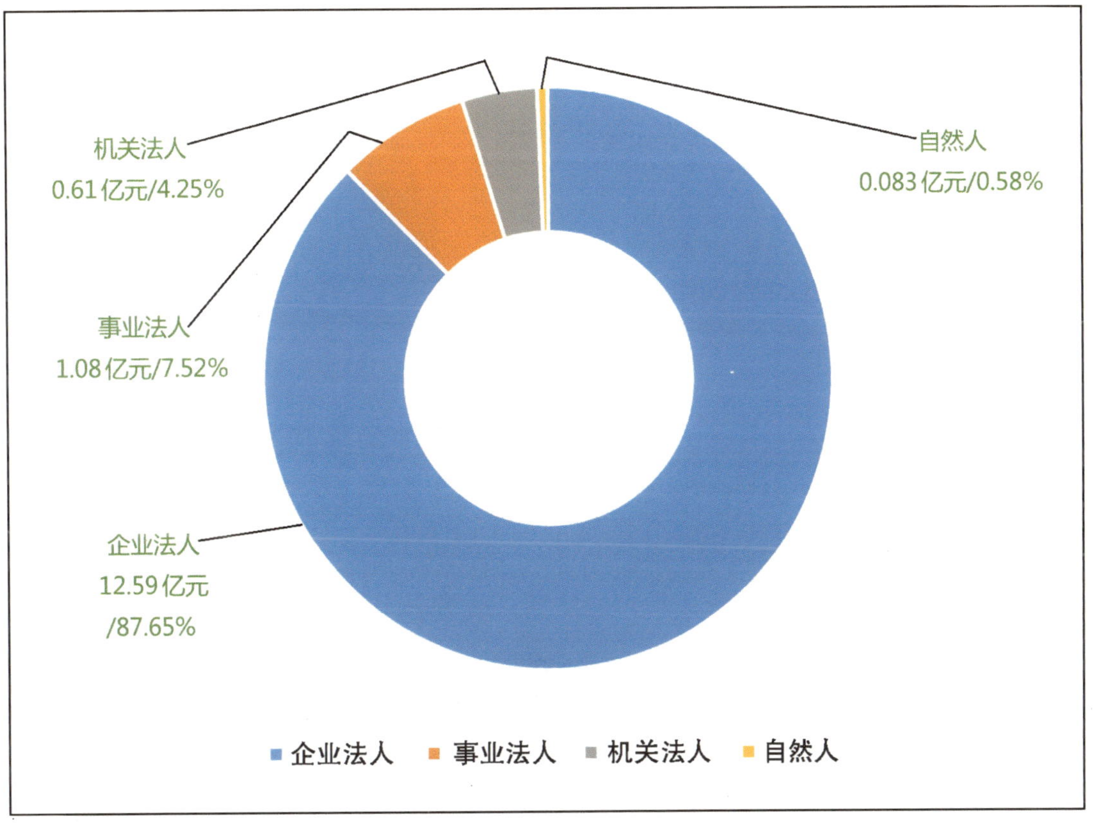

图 2－26 2021 年事业法人吸纳技术来源

(3)机关法人吸纳

机关法人吸纳技术总量有所下降,累计吸纳技术合同 661 项,同比增长 56.64%;成交额为 16.58 亿元,同比下降 23.38%,占全省技术合同总成交额的 4.00%。相关数据参见图 2－24、附表 6。

机关法人吸纳企业技术占八成。其中:吸纳企业法人的技术合同 409 项,成交额为 14.85 亿元,居第一位,占机关法人吸纳技术合同成交额的 89.57%;吸纳事业法人的技术合同 193 项,成交额为 1.39 亿元,居第二位,占机关法人吸纳技术合同成交额的 8.38%(图 2－27)。

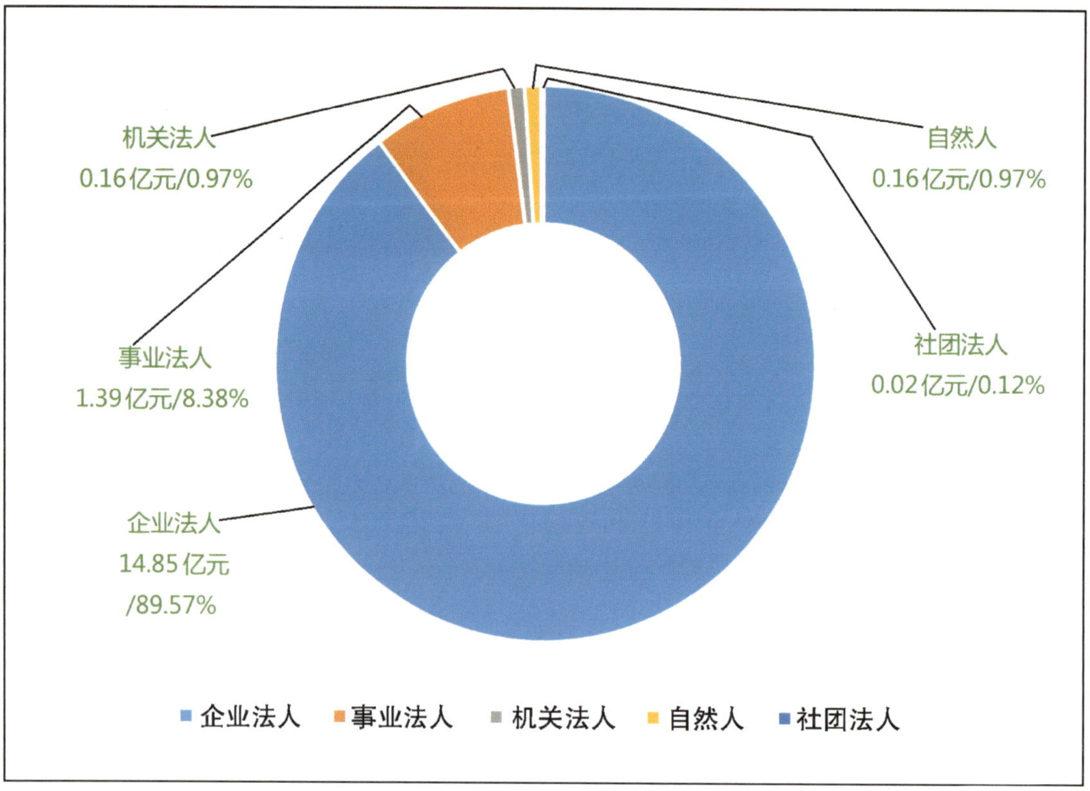

图 2－27　2021 年机关法人吸纳技术来源

第三部分　各地技术交易

一、合同登记情况

全省各设区市技术合同成交额持续保持增长。技术合同成交额排名前三位的设区市依次为南昌、赣州和宜春，以上三个设区市技术合同数与成交额总和分别占全省技术合同成交总数的 72.72% 和全省技术合同总成交额的 52.66%，同比提高近 12 个百分点和 9 个百分点。

南昌技术合同成交额持续保持第一，赣州由上年度的第 7 位跃升至第 2 位，宜春由上年度的第 5 位上升至第 3 位，新余上升 4 位，位居第 7 位。相关数据参见图 3－1、表 3－1。

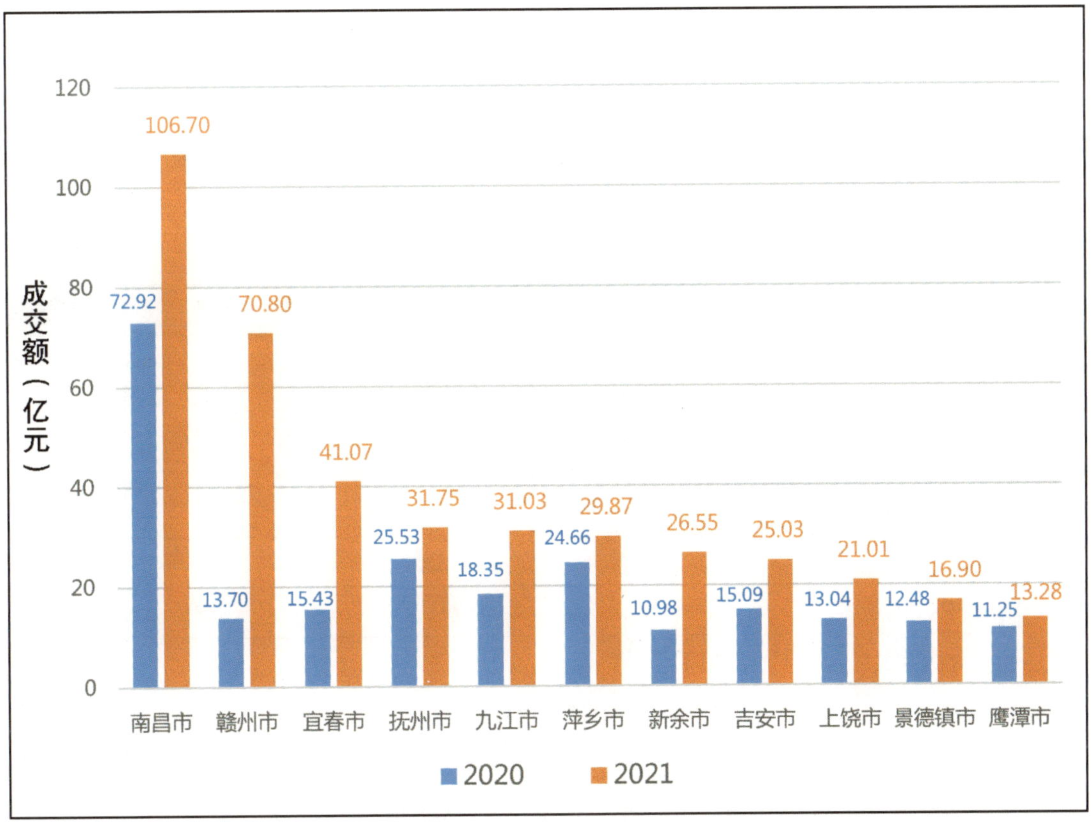

图 3－1　2020—2021 年全省各设区市技术合同成交额

表 3－1　2020—2021 年全省技术合同认定登记情况

设区市	2020 年			2021 年		
	合同数(项)	成交额(亿元)	排名	合同数(项)	成交额(亿元)	排名
南昌市	1892	72.92	1	3278	106.70	1
赣州市	488	13.70	7	1357	70.80	2
宜春市	106	15.43	5	191	41.07	3
抚州市	76	25.53	2	118	31.75	4
九江市	708	18.35	4	718	31.03	5
萍乡市	132	24.66	3	154	29.87	6
新余市	43	10.98	11	99	26.55	7
吉安市	105	15.09	6	143	25.03	8
上饶市	305	13.04	8	291	21.01	9
景德镇市	141	12.48	9	169	16.90	10
鹰潭市	91	11.25	10	107	13.28	11
合计	4087	233.43		6625	413.99	

二、技术输出情况

全省各设区市技术输出成交额稳步增长，南昌、赣州、宜春输出技术合同成交额排名居前三位，累计成交技术合同 4818 项，占全省技术合同成交总数的 72.72%；成交额为 218.02 亿元，占全省技术合同总成交额的 52.66%，成交数量和成交额大幅领先全省其他设区市。

南昌输出技术合同成交额持续保持第一，赣州由上年度的第 8 位跃升至第 2 位，宜春由上年度的第 5 位上升至第 3 位，新余上升 4 位，位居第 7 位。相关数据参见图 3－2、表 3－2。

技术输出超过 30 亿元的设区市由上年的 1 个增加至 5 个，分别是南昌、赣州、宜春、抚州和九江。赣州、宜春和新余技术输出成交额增速分别为 408.24%、162.34% 和 141.80%，九江、吉安增幅均超过 65%。相关数据参见附表 7。

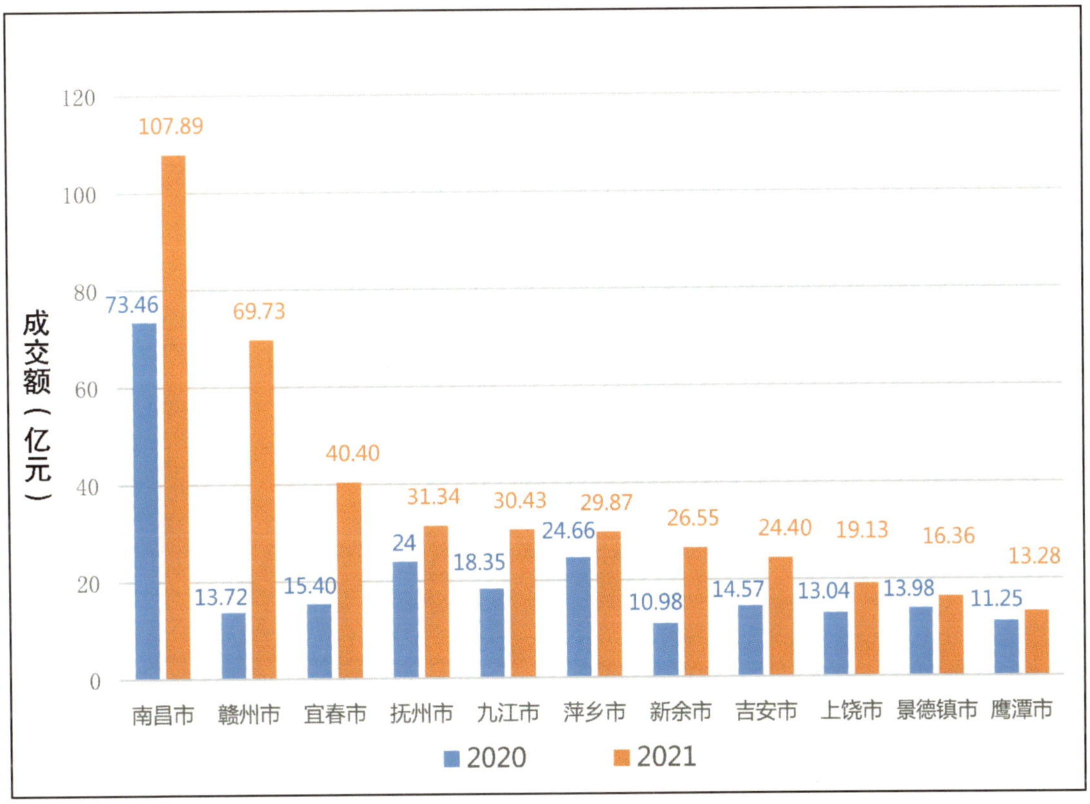

图 3－2　2020—2021 年全省各设区市输出技术合同成交额

表 3－2　2020—2021 年全省各设区市技术输出情况

地区	2020 年			2021 年		
	合同数(项)	成交额(亿元)	排名	合同数(项)	成交额(亿元)	排名
南昌市	1895	73.46	1	3308	107.89	1
赣州市	489	13.72	8	1350	69.73	2
宜春市	105	15.40	5	160	40.40	3
抚州市	74	24	3	114	31.34	4
九江市	708	18.35	4	698	30.43	5
萍乡市	132	24.66	2	154	29.87	6
新余市	43	10.98	11	99	26.55	7
吉安市	98	14.57	6	141	24.40	8
上饶市	305	13.04	9	240	19.13	9
景德镇市	144	13.98	7	165	16.36	10
鹰潭市	91	11.25	10	107	13.28	11
港澳台	0	0	—	33	2.34	—
国外	3	0.02	—	56	2.27	—
合计	4087	233.43		6625	413.99	

三、技术吸纳情况

全省各设区市技术吸纳成交额持续增长，赣州、南昌、抚州吸纳技术合同成交额排名居前三位，共吸纳技术合同 2753 项，占全省技术合同成交总数的 41.55%；技术合同成交额为 134.06 亿元，占全省技术合同总成交额的 32.38%。

赣州市吸纳技术合同成交额超过南昌位居第一，九江由上年度的第 9 位跃升至第 4 位，宜春由上年度的第 7 位跃升至第 5 位，新余上升 3 位，位居第 7 位。相关数据参见图 3－3、表 3－3。

技术吸纳成交额超过 30 亿元的设区市由上年的 1 个增加至 4 个，分别是赣州、南昌、抚州和九江。九江、新余和赣州的技术吸纳成交额增速分别为 573.55%、388.14% 和 220.51%，抚州、吉安和上饶的增幅均超过 50%。相关数据参见附表 8。

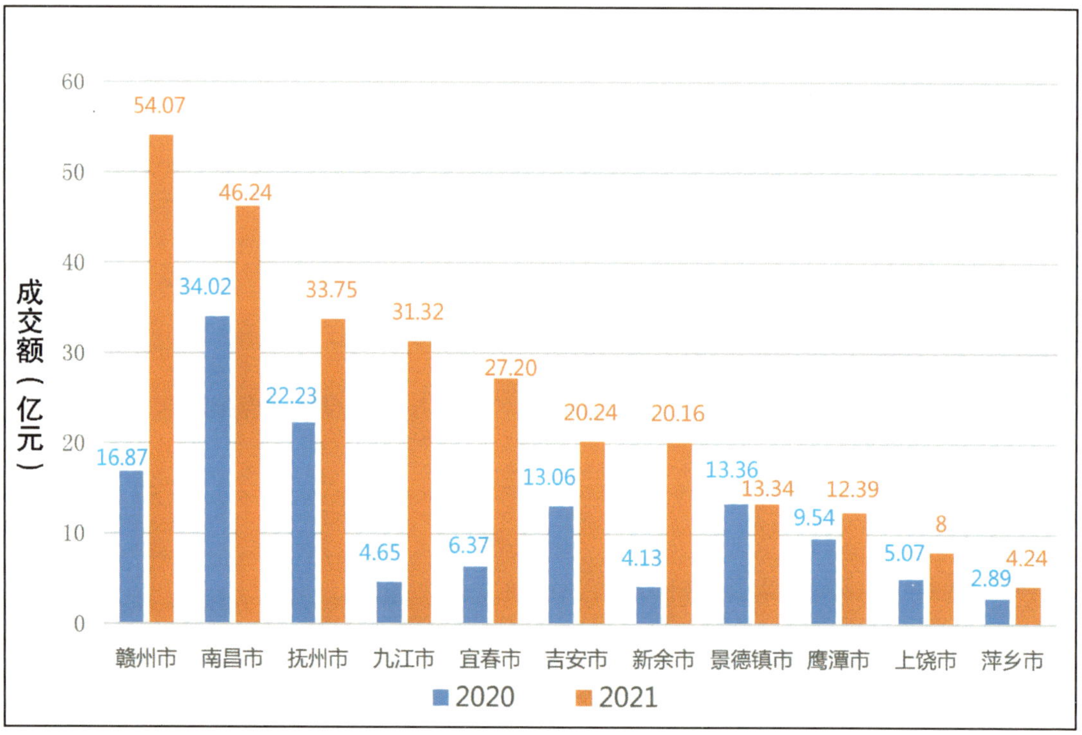

图 3－3　2020—2021 年全省各设区市吸纳技术合同成交额

表 3－3　2020—2021 年全省各设区市技术吸纳情况

地区	2020 年			2021 年		
	合同数(项)	成交额(亿元)	排名	合同数(项)	成交额(亿元)	排名
赣州市	502	16.87	3	1253	54.07	1
南昌市	702	34.02	1	1293	46.24	2
抚州市	105	22.23	2	207	33.75	3
九江市	166	4.65	9	664	31.32	4
宜春市	168	6.37	7	296	27.20	5
吉安市	142	13.06	5	236	20.24	6
新余市	63	4.13	10	131	20.16	7
景德镇市	157	13.36	4	190	13.34	8
鹰潭市	125	9.54	6	161	12.39	9
上饶市	120	5.07	8	189	8	10
萍乡市	36	2.89	11	35	4.24	11
外省	1787	99.39	—	1870	137.46	—
国外	14	1.85	—	100	5.58	—
合计	4087	233.43		6625	413.99	

第四部分　附　　表

附表 1　2021 年江西省技术合同类型构成

<table>
<tr><th colspan="2" rowspan="2">合同类别</th><th colspan="2">合同数</th><th colspan="3">成交额</th></tr>
<tr><th>项数（项）</th><th>增长（%）</th><th>金额（亿元）</th><th>增长（%）</th><th>占比（%）</th></tr>
<tr><td rowspan="3">技术开发</td><td>合计</td><td>2159</td><td>37.87</td><td>151.33</td><td>94.69</td><td>36.55</td></tr>
<tr><td>委托开发</td><td>1827</td><td>49.14</td><td>108.23</td><td>140.65</td><td>26.14</td></tr>
<tr><td>合作开发</td><td>332</td><td>-2.64</td><td>43.10</td><td>31.56</td><td>10.41</td></tr>
<tr><td rowspan="10">技术转让</td><td>合计</td><td>791</td><td>71.58</td><td>75.20</td><td>104.13</td><td>18.16</td></tr>
<tr><td>技术秘密转让</td><td>387</td><td>76.71</td><td>42.45</td><td>102.72</td><td>10.25</td></tr>
<tr><td>专利实施许可转让</td><td>73</td><td>180.77</td><td>7.50</td><td>113.20</td><td>1.81</td></tr>
<tr><td>专利权转让</td><td>187</td><td>52.03</td><td>16.93</td><td>335.02</td><td>4.09</td></tr>
<tr><td>专利申请权转让</td><td>9</td><td>-18.18</td><td>0.18</td><td>-84.53</td><td>0.04</td></tr>
<tr><td>计算机软件著作权转让</td><td>19</td><td>90.00</td><td>0.24</td><td>9.79</td><td>0.06</td></tr>
<tr><td>植物新品种权转让</td><td>10</td><td>-37.50</td><td>0.21</td><td>-82.25</td><td>0.05</td></tr>
<tr><td>生物、医药新品种权转让</td><td>4</td><td>-92.16</td><td>0.48</td><td>-90.81</td><td>0.12</td></tr>
<tr><td>设计著作权转让</td><td>3</td><td>200.00</td><td>0.76</td><td>369.08</td><td>0.18</td></tr>
<tr><td>其他</td><td>99</td><td>4850.00</td><td>6.45</td><td>1173.26</td><td>1.56</td></tr>
<tr><td colspan="2">技术咨询</td><td>1048</td><td>101.15</td><td>26.11</td><td>84.00</td><td>6.31</td></tr>
<tr><td rowspan="4">技术服务</td><td>合计</td><td>2627</td><td>70.70</td><td>161.35</td><td>54.15</td><td>38.97</td></tr>
<tr><td>一般性技术服务</td><td>2559</td><td>74.08</td><td>158.64</td><td>55.41</td><td>38.32</td></tr>
<tr><td>技术中介</td><td>11</td><td>-21.43</td><td>1.03</td><td>54.62</td><td>0.25</td></tr>
<tr><td>技术培训</td><td>57</td><td>3.64</td><td>1.68</td><td>-12.95</td><td>0.41</td></tr>
<tr><td colspan="2">合计</td><td>6625</td><td></td><td>413.99</td><td></td><td></td></tr>
</table>

附表 2 2021 年江西省技术合同技术领域构成

技术领域	合同数		成交额		
	项数(项)	增长(%)	金额(亿元)	增长(%)	占比(%)
电子信息	1313	30.78	84.68	125.75	20.45
先进制造	993	119.69	79.54	120.82	19.21
新材料及其应用	712	46.50	72.79	109.71	17.58
城市建设与社会发展	899	16	39.69	-9.59	9.59
农业	1103	325.87	35.24	171.91	8.51
生物、医药和医疗器械	564	11.46	34.56	49.55	8.35
环境保护与资源综合利用	621	159.83	27.51	95.38	6.65
新能源与高效节能	212	9.84	21.29	34.32	5.14
航空航天	114	8.57	9.46	34.38	2.29
现代交通	84	25.37	9	8.83	2.17
核应用	10	900	0.23	152.33	0.06
合计	6625		413.99		

附表 3　2021 年江西省技术合同社会—经济目标构成

社会—经济目标	合同数		成交额		
	项数(项)	增长(%)	金额(亿元)	增长(%)	占比(%)
其他民用目标	1349	90	131.17	93.55	31.68
社会发展和社会服务	1028	−3.47	69.73	72.34	16.84
工商业发展	623	25.60	65.30	93.54	15.77
农林牧渔业发展	1070	294.83	33.87	136.19	8.18
环境保护、生态建设及污染防治	627	162.34	27.34	61.68	6.60
非定向研究	257	36.70	22.15	235.61	5.35
能源生产、分配和合理利用	336	27.27	19.96	24.98	4.82
基础设施以及城市和农村规划	728	67.36	19.70	7.01	4.76
卫生事业发展	312	57.58	12.98	26.02	3.14
国防	161	33.06	7.67	19.47	1.85
教育事业发展	124	40.91	3.97	156.13	0.96
民用空间探测及开发	5	−37.50	0.13	−84.15	0.03
地球和大气层的探索与利用	5	25	0.02	−85.71	0.005
合计	6625		413.99		

附表 4 2021 年江西省技术合同计划项目构成

计划项目	合同数		成交额		
	项数(项)	增长(%)	金额(亿元)	增长(%)	占比(%)
计划外	4792	63.38	318.22	82.82	76.87
地、市、县计划	1072	68.03	64.28	74.86	15.53
省、自治区、直辖市及计划单列市计划	532	184.49	24.05	72.03	5.81
部门计划	205	-27.56	5.62	-20.06	1.36
国家科技计划	24	33.33	1.82	24.66	0.44
师市、院校计划	0	-100	0	-100	0
合计	6625		413.99		

附表 5 2021 年各类卖方机构成交情况

卖方类别	合同数		成交额		
	项数(项)	增长(%)	金额(亿元)	增长(%)	占比(%)
企业法人	3966	25.39	352.19	76.37	85.07
事业法人	2141	204.55	29.87	99.67	7.22
机关法人	201	123.33	17.17	82.66	4.15
社团法人	170	117.95	7.24	201.67	1.75
自然人	137	1612.50	5.25	234.39	1.27
其他组织	10	-77.78	2.28	-58.01	0.55

附表6 2021年各类买方机构成交情况

买方类别	合同数		成交额		
	项数(项)	增长(%)	金额(亿元)	增长(%)	占比(%)
企业法人	5052	58.42	372.61	88.35	90.00
机关法人	661	56.64	16.58	−23.38	4.00
事业法人	716	77.67	14.36	32.35	3.47
自然人	72	200	5.39	238.99	1.30
社团法人	91	378.95	4.17	787.23	1.01
其他组织	33	10	0.88	−16.19	0.21
合计	6625		413.99		

附表 7　2020—2021 年全省输出技术成交情况

卖方地区	合同数(项)			成交额(亿元)		
	2020 年	2021 年	增长(%)	2020 年	2021 年	增长(%)
南昌市	1895	3308	74.56	73.46	107.89	46.87
赣州市	489	1350	176.07	13.72	69.73	408.24
宜春市	105	160	52.38	15.40	40.40	162.34
抚州市	74	114	54.05	24	31.34	30.58
九江市	708	698	-1.41	18.35	30.43	65.83
萍乡市	132	154	16.67	24.66	29.87	21.13
新余市	43	99	130.23	10.98	26.55	141.80
吉安市	98	141	43.88	14.57	24.40	67.47
上饶市	305	240	-21.31	13.04	19.13	46.70
景德镇市	144	165	14.58	13.98	16.36	17.02
鹰潭市	91	107	17.58	11.25	13.28	18.04
港澳台	0	33		0	2.34	
国外	3	56	1766.67	0.02	2.27	11250
合计	4087	6625		233.43	413.99	

附表 8 2020—2021 年全省吸纳技术成交情况

买方地区	合同数(项)			成交额(亿元)		
	2020 年	**2021 年**	**增长(%)**	**2020 年**	**2021 年**	**增长(%)**
赣州市	502	1253	149.60	16.87	54.07	220.51
南昌市	702	1293	84.19	34.02	46.24	35.92
抚州市	105	207	97.14	22.23	33.75	51.82
九江市	166	664	300	4.65	31.32	573.55
宜春市	168	296	76.19	6.37	27.20	327.00
吉安市	142	236	66.20	13.06	20.24	54.98
新余市	63	131	107.94	4.13	20.16	388.14
景德镇市	157	190	21.02	13.36	13.34	-0.15
鹰潭市	125	161	28.80	9.54	12.39	29.87
上饶市	120	189	57.50	5.07	8	57.79
萍乡市	36	35	-2.78	2.89	4.24	46.71
外省	1787	1870	4.64	99.39	137.46	38.30
国外	14	100	614.29	1.85	5.58	201.62
合计	4087	6625		233.43	413.99	